AF450318

AMÉRICA INDÓMITA

(Rebeldes, resistentes y marginales)

GUAROCUYA

El taíno que derrotó al Imperio español

Fran Zabaleta

*Este es para Manu, maestro en rebeldía,
experto en resistencia.*

La verdad es lo que es, y sigue siendo verdad aunque se piense al revés.

Antonio Machado

Título
Guarocuya. El taíno que derroto al Imperio español

Primera edición: noviembre 2020

Colección
América Indómita 1

Editorial

Los libros del salvaje

Rúa Troncoso 4, 2º
36206 Vigo

ISBN: 978-84-949646-8-8

ÍNDICE

Prólogo

Una historia incompleta

La conquista de América fue un proceso trascendental en la historia, tanto por la forma en que se desarrolló como por las enormes consecuencias que de ella se derivaron. La exploración y conquista del inmenso territorio americano nos legó hazañas asombrosas, gestas épicas y lances sobrecogedores, y también episodios de una violencia tan brutal como despiadada.

Muchos de estos sucesos han quedado incrustados en nuestra memoria colectiva; asombran, fascinan o repugnan por igual a cada nueva generación, algo que ha sido posible debido a que los protagonistas y contemporáneos de la conquista fueron conscientes desde el primer instante de la envergadura y la significación de cuanto estaban viviendo y se preocuparon por contarlo. A menudo, los mismos que avanzaban por la selva con el morrión en la cabeza y la cruz y la espada en las manos escribían después relaciones de sus empresas, convencidos de que iban a pasar a la historia y preocupados porque esta les juzgara favorablemente. Tan abundante material ha hecho posible que legiones de historiadores hayan analizado e interpretado cada peripecia hasta conformar una extensísima bibliografía.

Sin embargo, la indudable magnitud de la conquista y la atención prestada a sus principales acontecimientos, sobre todo el desmoronamiento de los imperios mexica e inca, han ocultado algunas realidades incuestionables y han tergiversado los hechos.

Uno de estos hechos tergiversados es la extensión del dominio español. El mero enunciado, conquista de América, es falso, pues nos induce a pensar que la totalidad del inmenso territorio americano fue sometido al dominio español o al portugués. En realidad, enormes extensiones de América no fueron nunca conquistadas. El tamaño del continente es tal que difícilmente podría haber sido de otro modo. Así, por ejemplo, los vastos territorios de América del Norte permanecieron en su mayoría vacíos de europeos hasta varios siglos después, y muchas selvas tropicales y ecuatoriales de América Central y del Sur nunca vieron a un español, pues sus espesuras, su extensión, la dureza de su clima y las enfermedades propias de estas zonas eran tales que impedían ya no la conquista, sino siquiera la exploración, más allá del curso de los grandes ríos. Asimismo, los españoles nunca se extendieron por la mayor parte de la Patagonia o el Gran Chaco, territorios que los pueblos originarios siguieron dominando parcial o completamente hasta el siglo XIX.

Hay más. Incluso en las zonas incorporadas a Castilla o a Portugal y efectivamente ocupadas, la presencia de los conquistadores se circunscribía por lo general a los escasos núcleos de población. En estos territorios los españoles y los portugueses imponían sus leyes, su religión y sus costumbres, pero su área real de dominio e influencia era muy limitada. En la mayor parte del territorio americano ocupado, los conquistadores se concentraban en estos núcleos de población y mantenían un dominio formal sobre el resto. El número de europeos, incluso en los momentos de mayor poblamiento, fue muy limitado, y, pasadas las iniciales fiebres del oro, estos no tenían mayor interés en internarse por regiones para ellos insalubres y salvajes. Comunidades enteras de indígenas americanos permanecieron al margen de la conquista y la colonización y siguieron viviendo según sus costumbres ancestrales.

Pero no solo se han tergiversado hechos como la extensión real de la conquista. También se han ocultado acontecimientos, a veces de forma involuntaria, debido a que la atención se vuelca de forma natural en las grandes conquistas, y otras de forma intencionada, para evitar el menoscabo de los vencedores.

Hoy, cualquier escolar ha oído mencionar a Cristóbal Colón, Hernán Cortés, Francisco Pizarro o Vasco Núñez de Balboa. Sin embargo, muy pocos pueden identificar a Guarocuya, Lautaro, Tupac Amaru o Makandal, por citar solo a un puñado de los cientos de rebeldes que osaron enfrentarse a los conquistadores y, en algunos casos, incluso consiguieron derrotarlos. Si los españoles protagonizaron hazañas asombrosas en América, los naturales del continente no se quedaron atrás y se resistieron a la conquista, a veces durante siglos, con una firmeza y una tenacidad hoy injustamente olvidadas.

Frente a la América colonizada existió otra América habitada por pueblos que jamás se rindieron, nativos que se alzaron una y otra vez contra el opresor, esclavos fugados que crearon sus propios mundos ocultos en selvas y montañas e incluso europeos que se rebelaron contra las autoridades establecidas y eligieron vivir sin reglas, libres, independientes y salvajes. Ellos forman la América indómita, la de los rebeldes, resistentes y marginales que plantaron cara a los conquistadores o, sencillamente, los ignoraron.

El propósito de esta colección es dar a conocer algunos de los episodios de esta lucha desigual, ceder un espacio a los rebeldes, a los que resistieron al invasor y a los que huyeron del mundo.

Desconozco qué se estudia en las escuelas de los países americanos sobre estos hechos, pero sí conozco muy bien el currículo escolar español, y en él se pasa muy por encima por la conquista. Se mencionan —solo eso, simples menciones— el descubrimiento, los hechos más destacados de la exploración de América y las conquistas de los imperios mexica e incaico, pero poco más. Se consignan los nombres de Colón, Hernán Cortés, Francisco Pizarro y algunos mas, pero ahí acaba el estudio de la etapa y se pasa directamente a exponer dos generalidades sobre la colonización y la administración de América. Se prefiere hacer hincapié en los grandes descubrimientos geográficos o en los nuevos productos que Europa y América intercambiaron, cuestiones ambas mucho menos conflictivas.

Eso es todo. La historia de la conquista en sí, con sus violencias y sus polémicas, sencillamente se ignora, en parte por el escaso atractivo que hoy tiene hablar de opresión y conquista de otros pueblos (afortunadamente), y en parte porque la magnitud del currículo escolar impide mayores extensiones.

La consecuencia directa es que una gran parte de los adultos españoles (todos aquellos que no se hayan informado por su cuenta sobre la cuestión) apenas tienen una muy vaga idea, hecha en gran medida de lugares comunes —y a menudo con gran carga ideológica, sea del tinte que sea—, sobre los sucesos americanos.

Con estos mimbres, es comprensible que la otra parte, la historia de los rebeldes, resistentes y marginales americanos, sea completamente desconocida.

Sin embargo, se trata, en mi opinión, de hechos profundamente interesantes, en sí mismos, por su carga épica y vital, y porque son el contrapunto necesario a la historia oficial. Porque ninguna historia está realmente completa si no se conocen todos los hechos, como no está completo un tapiz si le faltan hebras.

Con este afán comienzo esta colección, «América Indómita. Rebeldes, resistentes y marginales», en el que cada volumen estará dedicado a uno de esos episodios desconocidos de la historia americana.

Solo espero que disfrutes con la lectura y que esta te sirva de acicate para convertirte tú mismo en explorador de nuestra común historia. Porque solo conociendo lo que ha pasado podemos entender lo que está pasando.

GUAROCUYA

El taíno que derrotó al Imperio español

1

Yaguana, isla de Haití, otoño 1503

«Nos han roto el mundo...».

Las palabras de su padre le vienen a la cabeza sin que sepa muy bien por qué. Se detiene y se seca el sudor de la frente con el antebrazo. A su alrededor, el partido de batú está en su apogeo. Los chiquillos y las chiquillas de la aldea corren tras la pelota de goma, luchan por mantenerla en el aire dándole golpes con los hombros, los codos, las caderas, cualquier parte del cuerpo sirve salvo las manos, mientras tratan de evitar que el equipo contrario se haga con ella. La algarabía llena el aire de chillidos de emoción mientras niños y niñas corren alegremente de un lado a otro del batey, el campo de juego ceremonial.

El sol está en lo alto y la brisa del mar acaricia la piel desnuda. Guarocuya suele ser el primero en correr tras la pelota: le encanta el juego. Sin embargo, este día no logra concentrarse. Varias veces ya ha fallado un pase sencillo o un golpe fácil y en dos ocasiones ha dejado caer la bola al suelo, lo que supone que su equipo pierda un punto cada vez.

En otras circunstancias se habría llevado más de un abucheo, pero esta jornada andan todos un poco distraídos. Por una vez, el juego del batú no acapara la atención. En realidad no se trata de un encuentro ceremonial, ni siquiera de un entrenamiento, eso es cosa de jóvenes y no de niños, lo único que hacen es matar el tiempo mientras esperan.

Alrededor del batey el poblado bulle con una actividad nerviosa y expectante. Desde donde se encuentra, Guarocuya puede ver la vivienda de Anacaona, la cacique principal de Jaragua, que ha heredado el cargo tras la muerte de su hermano Bohechío. El caney de la cacique es una gran estructura circular de madera con un techado de paja que se apoya en un poste central. Se usa como domicilio familiar de los caciques, pero también es el gran templo ceremonial del poblado de Yaguana y el lugar en el que se va a celebrar el encuentro de aquel día.

Anacaona todavía no ha hecho su aparición, pero el espectáculo a la entrada del caney es de los que pocas veces se pueden contemplar. Todos los caciques de Jaragua han acudido con sus cortejos de nitaínos, sus familiares y principales, y la plaza central del poblado es un hervidero de voces y urgencias.

Guarocuya nunca ha visto tanta gente reunida en un mismo lugar. Los caciques menores charlan con grave dignidad, ataviados con sus túnicas de algodón y plumas y con las joyas que llaman guanín, de cobre y oro, que solo pueden portar ellos, colgando de sus cuellos. A su alrededor, criados y sirvientes se apresuran con los preparativos de la fiesta que está a punto de comenzar: unos ultiman el banquete, otros preparan el caney para recibir a los esperados visitantes, otros atienden a los caciques y sus cortejos.

Al pensar en quiénes son los invitados de aquel día, Guarocuya siente que le sacude una corriente de excitación.

«Nos han roto el mundo», dice de ellos su padre, pero él no acaba de entender sus palabras. Solo tiene siete años y los extranjeros llegaron a su tierra hace once, por lo que están allí desde antes de su nacimiento. Sin embargo, Guarocuya casi no ha tenido ocasión de verlos, pues vive en la única zona de la isla que no dominan todavía. Solo en una ocasión los ha tenido delante, unos días atrás, cuando cuatro de ellos se presentaron en su casa para entrevistarse con su padre, Magiocatex, y preparar el encuentro de este día. Guarocuya no pudo asistir a la entrevista porque es demasiado joven, pero los vio llegar subidos a las grupas de aquellos enormes animales, los caballos, y se quedó fascinado por sus pelambreras crecidas y enredadas, las mejillas ocultas tras las barbas, los cuerpos cubiertos por corazas que semejan caparazones de tortuga pero que son, se dice, mucho más duras, de una sustancia extraña que llaman acero y que refulge al sol hasta dañar la vista. La simple visión de aquellos seres fieros, sudorosos y malolientes, con sus espadas y sus grandes perros alanos, le provocó un estremecimiento en el que se mezclaron a partes iguales el horror y la curiosidad...

Guarocuya, vástago de una estirpe de caciques principales, sabe que los forasteros son incluso más feroces que los mismísimos caribes, los tradicionales enemigos de los taínos. Sabe que son poderosos y terribles. Desde recién nacido ha oído hablar de ellos con temor reverencial. Cuando llegaron, Guacanagarix, el cacique de Marién, los confundió con seres llegados del cielo y los recibió con gran cortesía. Pronto, no obstante, se pusieron de manifiesto sus violencias y sus abusos.

Los extranjeros han sometido la mayor parte de Haití, que ellos llaman ahora «La Española». Uno tras otro se fueron apoderando de cuatro de los cinco grandes cacicazgos en que se organiza la isla. Guarocuya sabe que el territorio de Jaragua, gobernado por su tía Anacaona, es el único que permanece libre.

Muchas veces le han contado la historia de su tío Caonabo, hermano de su padre y esposo de Anacaona, supremo cacique de Maguana.

Él fue el primer taíno que osó enfrentar a los recién llegados, el que atacó el fuerte que llamaban «de Navidad», en el que se habían quedado treinta y nueve de los extranjeros mientras los demás regresaban a sus tierras. No fue traición, sino justicia, pues los recién llegados, pese a la cordialidad con que eran tratados, se dedicaban a organizar expediciones para secuestrar a mujeres y conseguir oro.

Muchos celebraron la acción de Caonabo y pensaron que se habían librado de un peligro cierto, pero pronto comprobaron que la pesadilla no había hecho más que comenzar. El cacique de los forasteros, Cristóbal Colón, no tardó en regresar, y cuando lo hizo vino con muchas más canoas y hombres y mujeres y fundó poblados como La Isabela, desde los cuales comenzaron a tratar con brutalidad a los nativos, a capturarlos como esclavos y a exigirles tributos en oro.

Fue entonces cuando comprendieron que aquellos forasteros del otro lado del mar tenían intención de quedarse. Caonabo consiguió formar una gran alianza con tres de los otros cuatro grandes caciques para atacar La Isabela y expulsarlos de la isla. Sin embargo, Guacanagarix, el cacique de Marién, el primero que los recibió cuando arribaron y el que los confundió con dioses, sabía lo que podían hacer las armas de los extranjeros y tuvo miedo. Acudió a Colón, le aseguró que él y sus gentes les eran fieles y lo informó de los planes de los coaligados.

La traición de Guacanagarix fue decisiva. Colón ordenó a uno de sus hombres, Alonso de Ojeda, que capturase a Caonabo. Ojeda se internó con otros nueve hombres en el territorio de Maguana, del que era cacique Caonabo. Este estaba muy bien protegido y contaba con numerosos guerreros, así que Ojeda ideó un ardid para capturarle. Fue a visitar al cacique y simuló ofrendarle, como muestra de gran respeto, unas esposas y unos grillos de latón, un metal que los taínos tenían en mucha estima porque era desconocido en sus tierras. Ojeda le aseguró a Caonabo que eran un presente de Colón y que los caciques de su país solían adornarse con ellos. Después le indicó que ambos debían acudir a un río cercano, donde él mismo le pondría las esposas y los grillos y lo montaría en un caballo para que sus hombres pudieran aclamarlo. Caonabo no sospechó nada: estaba en su propia tierra, contaba con la protección de cientos de guerreros y la idea de montar en uno de aquellos extraordinarios animales debió de ser muy tentadora. Acudió al río y allí Ojeda lo subió a la grupa de una cabalgadura, le puso las esposas y los grillos, cogió las riendas y guio al animal, alejándose, mientras fingía que daban un paseo. En cuanto se hubo distanciado un poco, subió a su propio caballo y él y sus hombres emprendieron el galope, de regreso a La Isabela, con Caonabo prisionero.

El niño Guarocuya conoce estos hechos y lo que pasó después. Sabe que Caonabo murió cuando los extranjeros lo metieron en una de sus grandes canoas para llevárselo a su tierra y presentárselo a sus caciques, que llaman reyes, y el barco se hundió debido a una tormenta. Sabe que, al enterarse de la captura de su líder, los demás caciques aliados emprendieron camino hacia La Isabela con la intención de derrotar a los extranjeros y que Colón les salió al paso con doscientos de los suyos, veinte caballos, veinte perros de presa y unos cuantos cientos de taínos traidores aportados por Guacanagarix.

Ambos ejércitos se encontraron en el interior de la isla, en un territorio que después se llamaría Vega Real. Allí, dos años y medio después de la primera llegada de los diablos extranjeros, se produjo la batalla decisiva. A Guarocuya le han dicho que los taínos eran más de cien mil, pero la visión de los arcabuces, las ballestas, los caballos y los perros de presa, que los suyos no conocían, pues solo contaban con perrillos mansos de pequeño tamaño, causaron estragos, provocaron el pánico y consiguieron que los taínos huyeran con el terror en el cuerpo.

Todo esto sucedió antes de que Guarocuya naciera, pero lo ha oído contar una y cien veces. Tras el enfrentamiento en la Vega Real, la mayor parte de la isla se sometió a los extranjeros.

Menos Jaragua, gobernada por su tía Anacaona. Esta había estado casada con Caonabo. Tras su captura y muerte, abandonó el cacicazgo de Maguana y se refugió en el de Jaragua, que estaba al mando de su hermano Bohechío. Tras la muerte de este el año anterior, ha heredado el gobierno del territorio.

Guarocuya sabe todo esto y mucho más. Sabe que los extranjeros, que llaman españoles, construyen grandes chozas de piedra que ni los más terribles huracanes pueden tirar abajo, que navegan en barcos tan altos como acantilados y que adoran a otros dioses, unos dioses a los que les disgustan los cuerpos desnudos, y que por esa razón los extranjeros se ocultan tras gruesas ropas pese a que el calor tropical les haga sudar continuamente. Sabe que están obsesionados por el caona, el oro, y que para conseguir esa piedra amarilla son capaces de las más viles atrocidades, que esclavizan a pueblos enteros y los fuerzan a trabajar en sus minas hasta caer muertos de puro agotamiento. Sabe que por todo Haití las gentes mueren a puñados y que muchos escapan a las montañas, abandonando cuanto conocen, para librarse de los diablos de más allá del mar.

Todo esto lo sabe Guarocuya y, sin embargo, no puede reprimir su curiosidad, porque para él cuanto le han contado son simples historias, tan fantásticas y asombrosas como la del pájaro celeste Inriri, que talló a las mujeres, o la de la cueva mágica de Cacibajagua, de la que surgió el mundo. Con la diferencia de que los españoles están allí, los ha tenido delante. ¡Y son tan distintos de cuanto conoce! La sola perspectiva de verlos basta para llenarle el estómago de cosquillas.

Un revuelo repentino le saca de su ensimismamiento. Echa un vistazo al camino, pero la muchedumbre que se agolpa en la plaza le impide ver más allá. Desvía la mirada hacia el caney de Anacaona y descubre que la cacique acaba de hacer su aparición en la entrada, vestida de forma ceremonial con una nagua hasta los tobillos, el torso desnudo y adornada con pulseras, brazaletes, collares y amuletos.

Al contemplarla, Guarocuya siente que le recorre una corriente de orgullo. Los mayores dicen que su tía es muy hermosa. Él nunca se ha parado a pensarlo, es simplemente su tía, pero este día ve algo en ella en lo que nunca hasta entonces se ha fijado y que ni siquiera sabría definir. Es un no sé qué en su porte, en la dignidad de su apostura, que la hace resplandecer.

—¿Qué pasa? —sujeta por el brazo a un sirviente que pasa a su lado.

—¡Los españoles! ¡Han llegado los españoles!

Guarocuya corre hacia el camino, se cuela entre los cuerpos de los presentes sacudido por la excitación, ansioso, hasta que consigue verlos: una tropa armada, cientos de hombres con corazas, espadas y morriones que avanzan pesadamente bajo el sol del mediodía, haciendo retemblar el mismo suelo. El chiquillo nota que alguien pone una mano en su hombro y sabe, sin necesidad de volverse, que es su padre Magiocatex, pero apenas le presta atención, demasiado excitado por aquella visión espeluznante.

—Ese de ahí es don Nicolás de Ovando —dice su padre mientras señala a un hombre ya mayor, de unos cuarenta años, que avanza al frente de la columna.

Se fija en él. Tiene un semblante autoritario, la nariz larga y la barba espesa, la barbilla alzada. Bajo el sombrero emplumado, sus ojos negros observan el poblado con atención, escrutándolo todo a medida que avanza.

Por un instante, sus miradas se cruzan. Guarocuya traga saliva. Su padre dice que aquel hombre es el cacique de los extranjeros. El jefe de aquellos que han roto el mundo.

Se estremece.

Un círculo de hombres y mujeres, vestidos con sucintos taparrabos y entrelazados por los brazos, danza al ritmo del mayohabao, el gran tambor confeccionado con un tronco ahuecado. Las maracas y las flautas se mezclan con las voces de los danzantes, que repiten una y otra vez los versos que recita uno de ellos. El canto tiene un poder hipnótico, que evoca el ritmo de las mareas y se mete bajo la piel. Es el areíto, el ritual sagrado que este día se celebra en honor de los huéspedes. Los versos desgranan la historia de los taínos. Rememoran las andanzas de los cuatro gemelos que consiguieron el fuego, el cazabe y la cohoba, que sirve para fumar y para hablar con los espíritus, y provocaron la gran inundación del principio de los tiempos. Recuerdan cómo el Sol y la Luna escaparon del inframundo a través de la cueva de la Gran Serpiente. Explican cómo los niños llorones se convirtieron en ranas que croaban a las estrellas para producir la lluvia. Narran el viaje en canoa del primer cacique y la aventura del cemí Baibrama, que fue quemado durante una guerra y al que le crecieron de nuevo los brazos, los ojos y el cuerpo al lavarse con el jugo de yuca. Toda la historia de los taínos desfila ante los ojos de los presentes cada vez que se celebra un areíto, y de esta forma recuerdan de dónde vienen y ofrecen a sus huéspedes cuanto han sido y cuanto son.

Guarocuya se da cuenta de que algo no va como debería. Un areíto es una celebración festiva y alegre, pero este día flota en el aire una tensión extraña. Desde donde está sentado, el chiquillo puede ver las caras de los españoles y capta sus miradas. Dos de ellos, que visten de forma diferente de los demás, con unas túnicas negras que les llegan hasta los tobillos y cubren completamente sus cuerpos, tienen el gesto avinagrado, como si estuvieran masticando un bocado amargo. Su padre le ha dicho que esos hombres son como los behiques de los taínos, los hechiceros del pueblo extranjero, que ellos llaman sacerdotes. Los dos chamanes mantienen la mirada fija en la danza. La punta de sus lenguas se desliza inconscientemente por los labios entreabiertos. No apartan los ojos de los pechos de las mujeres que bailan, así que Guarocuya supone que hay algo en ellos que no les gusta, aunque no se le ocurre qué podría ser, pues son las muchachas más lindas del poblado, de talles gráciles y pieles relucientes. El resto de los españoles tampoco aparta la vista de sus cuerpos. Los rostros barbados y sudorosos muestran esa misma atención reconcentrada, esos labios entreabiertos, pero no tienen el gesto avinagrado de los dos behiques españoles. Al contrario, sonríen bobaliconamente y se lanzan miradas unos a otros que les hacen reír como chiquillos retrasados.

Pero algo no va bien, Guarocuya puede sentirlo en la piel, como el viento frío que trae el presentimiento del huracán en un día soleado. El cacique principal, ese que su padre ha dicho que se llama don-nicolás-de-ovando, está sentado a la diestra de Anacaona. Permanece muy erguido en su sitial con expresión impasible.

No le gusta ese hombre. Tiene los ojos fríos y húmedos del cocodrilo en la ciénaga. Guarocuya se ha percatado de que, pese a su aparente impasibilidad, de vez en cuando lanza miradas a algunos de sus hombres y les hace gestos leves, disimulados. Nadie más parece darse cuenta, pero el chiquillo está seguro de que no se equivoca, y ha visto también cómo, cada vez que el cacique extranjero asiente, aquel que recibe la señal sale del caney sin llamar la atención.

El canto y la danza continúan. El ritmo se acrece a medida que los danzantes ingieren el uikú, la bebida fermentada que se hace con la yuca, y sus movimientos se tornan más convulsos, más frenéticos. Todavía está preguntándose cuál puede ser el motivo de esa tensión soterrada cuando intercepta un nuevo gesto de don-nicolás-de-ovando. Esta vez no es un asentimiento, sino un ligero toque en un colgante que tiene en el cuello. Sigue su mirada y descubre que en el otro extremo de la gran sala del caney uno de los españoles, un gigante pelirrojo de pobladas barbas, hace lo mismo con su propio colgante y comienza a retroceder hacia la entrada. Guarocuya no consigue resistir la curiosidad. Tras echar un vistazo para cerciorarse de que su padre no se fija en él, va tras el extranjero.

El sol le golpea en los ojos. Parpadea para acostumbrarse a la luz mientras trata de no perder al gigantón, que se abre paso entre la muchedumbre de naborías que rodea el caney. Los naborías son los taínos humildes, que trabajan para los caciques y los nitaínos. Han llegado acompañando a sus señores desde todos los poblados de Jaragua para asistir al encuentro de aquella jornada con los extranjeros porque Anacaona ha dicho que se va a firmar la paz, que los propios extranjeros han pedido aquella reunión y que a partir de este día taínos y españoles vivirán en armonía en la isla de Haití como dos vecinos que se estiman y se respetan. Por eso muchos han acudido al pueblo de Yaguana, porque no quieren perderse algo así, quieren contarle a sus nietos que estuvieron con Anacaona cuando la cacique domó a los extranjeros llegados del otro lado del mar. Tanta gente llena la aldea que no hay forma de que quepan en el caney, y por eso muchos rodean el edificio para tratar de averiguar qué pasa en su interior.

Guarocuya se fija en que ya hay otros españoles fuera. Se hallan detrás de los naborías formando un grupo de cincuenta o más que los suyos dejan aparte con aprensión, aunque no pueden dejar de observarlos con curiosidad. Todos visten aquellas corazas que les dan aspecto de tortugas humanas y se cubren las cabezas con sombreros de acero. Sudan bajo el sol que relumbra en el metal, pero no parece preocuparles. Escupen al suelo, hablan en su lengua extraña y sujetan las traíllas de sus grandes perros. Algunos mascan hojas de tabaco o fuman, una costumbre que han adoptado de su pueblo. Mientras el chiquillo les observa, el gigantón pelirrojo alcanza el grupo y dice algo a dos de aquellos hombres, que se adelantan para recibirle. Estos asienten y se vuelven hacia el resto. Guarocuya no alcanza a oír lo que dicen, pero es algo breve, una orden que hace que los extranjeros comiencen a moverse. Los ve separarse y no tarda en comprender lo que están haciendo: rodean el poblado, desplegándose como un anillo alrededor de un dedo.

Todavía está preguntándose qué sentido tendrá aquello cuando el sonido agudo y estridente de una trompeta rompe el aire. Él no sabe qué es, solo que jamas ha escuchado nada igual.

En el interior del caney se detienen bruscamente los cánticos. El silencio que sigue es tan repentino que atraviesa la muchedumbre de naborías y se extiende como una onda.

Por unos instantes, los ruidos de la selva se apoderan del poblado. El canto armonioso de una cigua palmera flota en el ambiente y se mezcla con el rítmico golpeteo de un pájaro carpintero. Una cotorra sobrevuela un tejado de palma y desaparece en dirección al mar. Un perro ladra.

Se oyen gritos. Voces airadas. Un clamor brota por la puerta del caney. Guarocuya se arrepiente de haber salido al exterior, pues en este momento los naborías se agolpan ante la entrada y le impiden ver qué sucede.

Está tratando de deslizarse entre los cuerpos apiñados cuando se escuchan unos estampidos. La masa humana deja escapar el alarido de un animal herido y comienza a retroceder. Del interior salen lamentos y jadeos. La curiosidad y la extrañeza lo invaden. ¿Qué está pasando?

De repente, en la puerta del caney aparece Anacaona. Los ojos abiertos del muchacho observan a su tía, la mujer más poderosa de toda Jaragua, la compañera del legendario Caonabo, cacique e hija de caciques por incontables generaciones. Tiene el pelo y la nagua revueltas y el rostro desencajado, con una expresión de incredulidad, del más completo y puro asombro, que se incrusta en la memoria infantil de

Guarocuya. El chiquillo se da cuenta de que nunca va a olvidar este momento. Porque Anacaona avanza a trompicones, sus brazos sujetos con firmeza por dos castellanos que la empujan bruscamente mientras el resto de los extranjeros los rodea, unos con aquellas varas que llaman espadas en las manos, otros con los palos de fuego, los arcabuces, con sus mechas encendidas que despiden volutas de humo. Tras Anacaona aparece el cacique extranjero, don-nicolás-de-ovando, muy erguido, la expresión de furiosa determinación, acompañado de los dos hechiceros que parecen cuervos con sus túnicas negras.

Los naborías del exterior del caney, en el más incrédulo de los silencios, se van apartando para abrir paso a la comitiva. Nadie se atreve a abrir la boca. Nadie osa siquiera conjeturar lo que está sucediendo. El asombro es una gran boca que devora la razón. ¿Pues no les ha prometido Anacaona que este día se firmaría la paz, que el propio cacique de los españoles los ha convocado allí para estrechar lazos de amistad? ¿No han recibido a los españoles como huéspedes y les han ofrecido cuanto tienen? Nadie da crédito a que alguien pueda traicionar la hospitalidad recibida. ¿Qué está pasando?

Todavía está contemplando la escena cuando se da cuenta de que los gritos de la gente se mezclan con otro sonido mucho más terrorífico: ladridos. Furiosos, excitados, terribles. Los perros de los extranjeros no tienen nada que ver con los perrillos de los taínos. Si estos son criaturas pequeñas y dóciles, los de los españoles son fieras de gran tamaño y mandíbulas de piedra. Extrañado por la barahúnda, mira hacia atrás. Y entonces Guarocuya, que apenas es un chiquillo, nota una repentina humedad que le baja por las piernas y aprende qué cosa es el miedo.

Los españoles cercan el caney y a la muchedumbre que se agolpa alrededor. Unos sujetan las traíllas de los inmensos alanos, que ladran rabiosos y anhelantes. Otros portan arcos con flechas embreadas que, en aquel instante, proceden a prender en unas hogueras. Otros más tienen los arcabuces alzados, las mechas humeantes. El chiquillo comprende que van a atacar y abre los ojos, incapaz de creerse lo que ve.

Oye un fragor que le aturde los oídos. Las gentes gritan despavoridas. De la garganta de una mujer, a su derecha, brota una flor de sangre. La desdichada se lleva las manos al cuello, pero no llega a completar el movimiento: sus piernas le fallan y cae al suelo con una expresión de desconcierto en el rostro ensangrentado.

El mundo entero se torna de un carmesí intenso mientras Guarocuya se sumerge en una pesadilla. Percibe el olor del humo y el crepitar de las llamas. El techo del caney está hecho de paja reseca y arde con facilidad. Oye más disparos y ve que los alanos, liberados de las traíllas, se abalanzan sobre hombres, mujeres y niños. Los perrazos muerden sin compasión, hambrientos y brutales. Uno de ellos arranca un brazo de una chiquilla, que se queda contemplando su muñón sangrante sin poder creérselo. Otro se lanza contra un hombre ya mayor, lo arrastra al suelo y le arranca un pedazo de carne del estómago de una dentellada. El humo le hace toser. El hedor de la carne quemada le inunda las fosas nasales mientras sus oídos se aturden con los alaridos de los que han quedado atrapados en el interior del caney incendiado.

El horror, inesperado y bestial, inunda el mundo.

Oye más disparos, pero todo parece suceder muy lejos, como si le estuviera pasando a otra persona. No puede creer a sus ojos, a sus oídos, a su olfato. No puede ser cierto. ¿Por qué? ¿Qué motivos tienen aquellos extranjeros para matar a su pueblo si nada les han hecho, si ningún mal les han causado?

Ante él aparece uno de los diablos extranjeros. Un tipo bajo y grueso, con una barriga prominente y unos ojos saltones. Tiene una cicatriz que le cruza la barba hasta los labios y una expresión de crueldad que lo paraliza. Lleva en la mano derecha una espada que gotea sangre. Al fijarse en que Guarocuya está mirándolo, el soldado le sonríe, mostrándole una boca de dientes negros. Se dirige hacia él, lo agarra del pescuezo con una manaza de dedos cortos y gruesos y se dispone a hincarle la punta de la espada en el vientre. Guarocuya está tan trastornado que no reacciona. Se queda ahí, de pie en medio de una vorágine de muerte y dolor, entre los aullidos y el hedor de los quemados, contemplando con los ojos abiertos el acero que se le viene encima. Comprende que su goeíza, su espíritu, se dispone a viajar a Coaybay, el paraíso al que todos los taínos van tras la muerte. Traga saliva y reza una silenciosa oración a la Gran Madre Atabey.

—¡Deteneos, Vasco! ¡Ese es el hijo del cacique Magiocatex, lo vi con su padre en el interior!

Guarocuya no entiende esas palabras. Todavía no comprende el lenguaje de aquellos diablos del mar. Todavía no sabe que, durante muchos años, él mismo utilizará esa lengua extraña. Pero ve que la espada se detiene y se da cuenta de que no va a morir. El diablo extranjero gruñe algo y escupe al suelo. Después, el individuo lo arrastra del pescuezo, sin esfuerzo aparente, hasta que se topa con uno de los hechiceros vestidos de negro.

—Ahí lo tenéis, fraile. El hijo de Magiocatex.

El behique le pone la mano en la cabeza y Guarocuya piensa que le va a soltar un hechizo, pero no pasa nada. Solo se queda allí, con la mano del fraile en su cabeza, contemplando cómo los extranjeros asesinan a los caciques de Jaragua y exterminan a su pueblo.

Los ojos se le llenan de lágrimas. Es incapaz de pensar. Su padre. Están matando a su padre. En su mente extenuada se repiten, una y otra vez, las palabras que este le ha dicho.

«Nos han roto el mundo».

2

La matanza de Jaragua fue real, muy real. Se produjo en 1503, apenas once años después de la llegada de los españoles a América. Fue ordenada por Nicolás de Ovando, que había sido nombrado gobernador de las Islas y Tierra Firme el 3 de septiembre de 1501 por el rey Fernando el Católico y llegado a La Española el 5 de abril de 1502.

Ovando, cuyo gobierno duró siete años, fue el instaurador del modelo de explotación española de América. Pacificó la isla por métodos tan expeditivos como el que acabo de narrar, desarrolló la explotación minera del oro (la principal obsesión de los españoles en esos primeros años de la conquista), importó los primeros esclavos africanos, introdujo el cultivo de la caña de azúcar e instituyó el sistema de encomiendas, que repartía a los taínos como si fueran ganado entre los conquistadores españoles y los obligaba a trabajar para ellos a cambio de una evangelización que ni querían ni habían solicitado. Fue él quien impuso la servidumbre al pueblo taíno.

Hoy Ovando es un completo desconocido para el común de los españoles (salvo entre historiadores, eruditos varios y el puñado de chalados que todavía sentimos fascinación por la historia); de ser preguntados, unos pocos dirían que les suena el nombre, que alguna vez lo han oído, pero dudo mucho de que nueve de cada diez sepan mencionar un solo dato sobre él. Sin embargo, todo el mundo lo conoce en la República Dominicana, uno de los dos países en que se divide la antigua isla de Haití.

Pero, eso sí, con alguna que otra diferencia: en España se le considera un eficiente administrador, el hombre que fue capaz de enderezar las cosas en los difíciles años de la conquista; en el Caribe se tiene una imagen muy diferente de él. Basta una breve búsqueda en internet para encontrarse páginas que dicen cosas como esta...

> (...) la violencia encarnizada que desató don Nicolás de Ovando contra las comunidades aborígenes que se resistían a la esclavitud. Degolló, quemó, ahorcó a poblaciones enteras sin considerar la edad o el sexo de las víctimas. Era la esclavitud o la muerte.

Y conste que estoy citando una web dominicana nada sospechosa de radicalismo, dominicanaonline.org.

La fama no le queda grande, pues Nicolás de Ovando, vástago de una encumbrada familia extremeña, educado en un ambiente de fervorosa religiosidad y que ingresó en la Orden de Alcántara para dedicarse al servicio de la Iglesia y de la Corona, fue el responsable de lo que ha pasado a la historia como «La matanza de Jaragua». Todo un ejemplo del cristiano amor al prójimo.

Las cosas sucedieron más o menos como cuento: Ovando envió un emisario a la cacique Anacaona para solicitarle una reunión con ella y los principales caciques de la provincia de Jaragua, la única que se mantenía más o menos independiente. Tenía la intención, aseguraba, de concertar la paz. Anacaona accedió, ni se le pasó por la cabeza que fuera una trampa, así que el gobernador español reunió a un nutrido ejército y marchó a Yaguana, donde se habían reunido casi todos los caciques de la provincia para recibirlo.

La escena debió de ser de las que se quedan largo tiempo en la memoria. Anacaona, en efecto, homenajeó a los recién llegados con un areíto, un ritual de carácter sagrado que incluía cantos y bailes. Jóvenes doncellas vestidas con sucintos taparrabos y entrelazadas por los brazos recibieron a los españoles danzando al ritmo del mayohabao (un gran tambor confeccionado con un tronco ahuecado), las maracas y las flautas.

El humanista italiano y cronista de Indias Pedro Mártir de Anglería describe la escena en su obra *Décadas de Orbe Novo*:

> ...cuando los nuestros vieron salir de los bosques a aquellas jóvenes vírgenes de color moreno claro y agradable, de suave y delicado cutis, de bellísimas proporciones, con el cabello suelto, una redecilla en la cabeza y enteramente desnudas, casi sospecharon que estaban ante una aparición de las dríadas o de las hadas y ninfas que celebraban los poetas clásicos.

Pero Nicolás de Ovando no era hombre que se dejara seducir tan fácilmente. Anacaona había organizado un banquete en el caney. Cuando se hallaban en plena celebración, el estridente sonido de una trompeta rasgó el aire.

Era la señal convenida. De inmediato, peones y caballeros armados con lanzas, espadas, ballestas y arcabuces rodearon el caney, apresaron a los caciques, los colgaron con sogas de las vigas, sacaron a Anacaona de la construcción de madera y paja, cerraron las puertas y prendieron fuego.

La matanza no acabó allí. Mientras los caciques ardían y se abrasaban, jinetes e infantes se lanzaron contra la muchedumbre que había acudido a festejarles y provocaron una carnicería. El español Diego Méndez, que se hallaba por entonces en Yaguana, dejó testimonio de lo sucedido:

> ...y andando por la costa de la isla 80 leguas, no sin grandes peligros y trabajos, porque la isla no estaba conquistada ni allanada, llegué a la provincia de Azua, que es 24 leguas antes de Santo Domingo y allí supe que (...) el gobernador Ovando había partido a la provincia de Jaragua a allanarla, la cual estaba a 50 leguas de allí. Y esto sabido dejé mi canoa y tome el camino por la tierra de Jaragua, donde hallé al gobernador, el cual me detuvo allí siete meses, hasta que hizo quemar y ahorcar 84 caciques. Señores de vasallos y con ellos a Nacaona, la mayor señora de la Isla, a quien todos ellos obedecían y servían, y esto acabado, vine a pie a tierra de Santo Domingo.

El padre Bartolomé de las Casas, que había llegado a La Española con Ovando (y que unos años después trató de imponer un régimen teocrático en la isla al recomendar al cardenal Cisneros que la pusiese entera, como este hizo por breve tiempo, bajo la autoridad de los padres jerónimos), habla también de unos ochenta caciques abrasados y describe con auténtico horror la matanza de hombres, mujeres y niños.

Anacaona, cargada de cadenas, fue conducida a Santo Domingo, la capital, y ahorcada unos días después. (Respecto de este último punto hay dudas. Algunos historiadores afirman que murió en Yaguana).

Sea como fuere, la matanza marcó el punto de inflexión. Supuso el final de la conquista de la isla y el inicio de la colonización. Con esa acción, la isla de Haití (o Bohío, como quizá la llamaban también) perdió para siempre su identidad taína y se convirtió en La Española.

Pero en Jaragua no se acabó todo. Guarocuya, el chiquillo protagonista del relato, existió y fue en efecto el hijo de un gran cacique, Magiocatex, y sobrino de Anacaona. Y sobrevivió lo suficiente para vengarse, para triunfar sobre los extranjeros que les habían roto el mundo.

Claro que, una vez más, la historia es distinta según quién y dónde la cuente. Si a Ovando hoy no lo conoce casi nadie en España, que alguien sepa quién fue Guarocuya a este lado del Atlántico es de medalla. Sin embargo, basta darse una vuelta por Haití o la República Dominicana para darse cuenta de que en aquel lado del océano es un héroe nacional cuya vida se estudia en el colegio, con estatuas aquí y allá e incluso un gran lago, el mayor de la isla, que lleva su nombre. O al menos el nombre con el que lo conocían los españoles, que no deja de tener un punto de condescendencia, como si no se lo tomaran del todo en serio: Enriquillo.

Condescendencias al margen, Guarocuya-Enriquillo es un personaje que merece la pena conocer y recordar, porque fue el único indígena del Caribe que osó enfrentarse al todopoderoso emperador de las Españas, Carlos I, y salió victorioso del empeño.

No me extraña que de este lado del Atlántico lo hayamos olvidado.

Antes de contarte su historia, quizá convenga recordar algunas cosas sobre los taínos y la isla de Haití. Y explicar quiénes eran los caciques, una palabra que con el tiempo se ha ido cargando de connotaciones peyorativas.

A finales del siglo XV, cuando llegaron los españoles, los taínos formaban el principal grupo étnico del Caribe.

No eran originarios de las Antillas, sino que procedían de América del Sur, probablemente de la zona del Orinoco, en la actual Venezuela. Poco a poco, de isla en isla, se habían ido expandiendo por todo el arco caribeño, de las Antillas Menores a las Mayores, apoderándose de un territorio en parte despoblado, en parte ocupado por etnias más antiguas como los guanahatabeyes. De hecho, al expandirse por el Caribe los taínos no estaban haciendo nada nuevo: eran solo una más de las sucesivas oleadas migratorias que habían ocupado las islas a lo largo del tiempo, en su mayor parte procedentes de Sudamérica.

Y no serían los últimos. Los primeros pobladores fueron un pueblo de cazadores y recolectores que debió de asentarse en el Caribe hacia el 6000 ANE (antes de nuestra era). Los taínos no ocuparon la zona hasta el 1200 de nuestra era. Llevaban, por tanto, unos trescientos años disfrutando del sol del Caribe. No es mucho, pero su tiempo comenzaba a agotarse: una vez más, procedentes de la costa sudamericana, un nuevo pueblo estaba expandiéndose, ocupando una tras otra las islas de las Antillas Menores y expulsando en su avance a los taínos: los temidos caribes.

Pero todavía no habían llegado a La Española, o al menos no lo habían hecho en masa. En el momento en que los españoles hicieron su aparición y desbarataron los ciclos históricos internos de este mundo, los caribes estaban presentes en la mayor parte de las islas del arco antillano, desde Trinidad y Tobago en la costa de la actual Venezuela, pasando por Granada, Martinica, Dominica, Guadalupe y Antigua hasta Puerto Rico, la primera de las Antillas Mayores. La intensidad de la ocupación iba disminuyendo de sur a norte, de forma que en las islas próximas a Puerto Rico (las Islas Vírgenes, San Cristóbal y Nieves, Antigua y Barbuda) todavía podían encontrarse pueblos taínos.

A los caribes les quedaban por alcanzar las principales islas: La Española, Cuba y Jamaica, además de las Bahamas, al norte, y unas cuantas más al sur. Pocas en número, pero a menudo olvidamos que se trata de islas inmensas: Cuba, la mayor, se extiende 1.225 kilómetros de este a oeste; La Española, unos 650 km; y Jamaica, 240. Un mundo, en comparación con las minúsculas Antillas Menores, así que los taínos todavía podían considerarse los legítimos ocupantes de las Antillas (aunque no los únicos: con ellos, además de los caribes, vivían otras etnias residuales anteriores, como los ciguayos, los igneris o los guanahatabeyes).

De los fascinantes caribes, y de una asombrosa rebelión que protagonizaron en el siglo XVII contra ingleses y franceses, te hablaré en otra entrega de esta serie, América Indómita. Por el momento, déjame volver a los taínos.

Empecemos por las palabras que el mismísimo almirante Cristóbal Colón, escribió en su *Diario de a bordo* el 12 de octubre de 1492.

> Ellos andaban todos desnudos como su madre los parió (...) muy bien hechos, de muy fermosos cuerpos y muy buenas caras (...). Ellos no traen armas ni las conocen, porque les amostré espadas y las tomaban por el filo y se cortaban con ignorancia.

Colón era de todo menos objetivo, pues tenía el mayor interés en que su relato impresionara a sus jefes, los que habían costeado la expedición: los Reyes Católicos. Probablemente, los taínos ni eran tan hermosos ni tan mansos como él los describe, que de todo habría, pero algo parece ser cierto: se trataba de un pueblo relativamente pacífico que vivía todavía en la Edad de Piedra. Literalmente en la Edad de Piedra, pues no conocían el trabajo del metal: por eso sus flechas eran de madera con puntas de obsidiana y no tenían ni idea de qué cosa era una espada.

Los taínos se hallaban en un estadio cultural neolítico: conocían y practicaban la agricultura, habían desarrollado la cerámica y comenzaban a organizarse en estructuras políticas mayores que la simple tribu. La isla de Haití era la que más avanzada estaba en este proceso.

Se hallaba dividida en cinco grandes cacicazgos, algo parecido a pequeños reinos más o menos estables, dirigido cada uno por un cacique principal: Marién, Maguá, Maguana, Higüey, Jaragua.

La sociedad se organizaba en tres grupos: los naborías, la mayor parte de la población, que eran campesinos, artesanos y sirvientes; los nitaínos, que eran los nobles o caciques menores, los guerreros y los familiares del cacique principal (aunque todas estas opciones podían ser una misma); y los behiques, una suerte de hechiceros, chamanes y curanderos, que sabían de plantas y desempeñaban funciones religiosas.

En la cúspide de la pirámide se encontraba el cacique, el jefe del poblado o de la tribu, que también tenía funciones religiosas. Su poder era absoluto y lo ejercía, al parecer, con destacable benevolencia. Era, en cierto modo, el padre de la tribu, respetado y obedecido por sus hijos hasta el punto de que, cuando los españoles se dieron cuenta del mucho caso que les hacían estos, trataron de ganarse a los caciques para su causa y los convirtieron en capataces de las plantaciones y las minas. Claro que en este punto más vale ser prudentes, porque imagino que sucedería como en todas partes: que habría buenos y malos caciques.

Los taínos vivían en poblados, algunos incluso de varios miles de habitantes, que llamaban yucayeques, palabra que significa «depósito de yuca», pues era esta planta (que tiene variedades como la mandioca o la tapioca) la base de su alimentación, de la que obtenían una especie de pan, el «pan de yuca» o «cazabe». La propiedad era comunal y los poblados se construían alrededor del caney (una gran estructura circular de paja y madera que servía como vivienda del cacique, templo y lugar de reunión) y del batey, la plaza ceremonial donde se jugaba al batú, el juego de pelota con el que se entretiene Guarocuya en el relato. Alrededor se construían los bohíos, las viviendas, en cada uno de las cuales vivían quince o veinte personas: padres, madres, hijos, nietos, tíos, primos...

Los hombres se dedicaban a la agricultura y a la caza y las mujeres al hogar y al cuidado de los niños. Era una sociedad abierta, equilibrada y tolerante en lo sexual. Como en todas partes, la vida en el Caribe tenía sus problemas, pero en estas latitudes la tierra es generosa y las condiciones climáticas no son muy exigentes, salvo durante la temporada de los huracanes, lo que hacía posible llevar una existencia relativamente cómoda sin demasiados esfuerzos.

Hasta que llegaron los españoles.

3

Fue un choque cultural tremendo, pero fue, ante todo, una carnicería. Un genocidio.

Vaya por delante que no pretendo denostar a los españoles, entre los que me encontraba la última vez que reparé en esas cosas, ni mucho menos ofender a nadie. De hecho, la idea de que alguien se pueda ofender se me antoja un tanto absurda.

Cuantos participaron en la conquista llevan siglos enterrados, y su forma de estar en el mundo, sus creencias y su universo mental está tan lejos de cualquier español actual que, muy probablemente, si los tuviéramos delante nos parecerían alienígenas... aunque más de un español contemporáneo añore los tiempos pasados.

Pero ¿quién en su sano juicio puede ofenderse porque alguien critique unos hechos protagonizados por individuos que vivieron hace medio milenio, solo porque se dé la coincidencia de haber nacido en la misma área geográfica que esos individuos?

¿Qué más da, en el fondo, que tal o cual conquista, invento, descubrimiento, desastre o avance científico se deba a un español, un nepalí, un bantú o un anglosajón?

No estoy ciego: soy consciente de que para muchos, me temo que cada vez para más, la patria es una barrera geográfica y mental, un límite entre el bien y el mal, una excusa y una identidad que se define siempre por exclusión.

Pero nunca me sentí atraído por las fronteras, patrias, razas o religiones: prefiero considerar al ser humano en su conjunto, celebrar los logros de los hombres y las mujeres, procedan de donde procedan, y lamentar sus desaciertos, hayan nacido donde hayan nacido.

No, por supuesto que no pretendo ofender a nadie. Sencillamente, creo que la única forma de entender el mundo actual es acercándonos a la historia con honestidad, enfrentando los hechos, nos gusten o no, y tratando de extraer de ellos una guía para evitar caer una y otra vez en los mismos errores. En los mismos horrores, también.

Y en este caso los hechos y los testimonios de la época hablan por sí mismos con meridiana claridad. Podemos refugiarnos en tópicos mil veces repetidos, que si hay que ponerse en situación, que en aquella época todos eran así, que si peor lo hicieron los ingleses o los franceses en sus colonias, que aquí al menos la legislación apoyó a los indígenas y que si hasta nos mezclamos con ellos, ahí están los mestizos, y además la culpa de la extinción fue de las enfermedades, esas sí que mataron, y no los españoles...

La realidad es tozuda: lo de América fue un genocidio, por muchas excusas que pongamos. Un asesinato en masa de millones de personas (sí, millones de personas, probablemente el mayor genocidio de la historia) en nombre de la pura y simple codicia, la más salvaje, despiadada y brutal codicia. Una matanza llevada a cabo por culpa de la ignorancia, la soberbia y la crueldad y con el auxilio de la superchería religiosa. Escudándose en el dios de los católicos, los españoles mataron, violaron, abusaron, forzaron a la esclavitud y finalmente aniquilaron un mundo. Todo mientras se llenaban la boca hablando del amor y la caridad de un tal Jesús. Tiene narices la cosa, pero eso es lo que pasó en América. Mal que nos pese. Aunque nos duela o nos deprima.

Empecemos por los hechos. Se desconoce cuál era la población real de las Antillas en 1492. Las cifras varían de forma tan tremenda que hacen imposible cualquier término medio: oscilan entre los ocho millones que defienden algunos autores y los trescientos mil de otros. Hablo, insisto, solo de las Antillas, porque en todo el área americana, incluidos los imperios mexica e incaico, la cifra calculada varía entre veinte y ochenta millones de habitantes. Cronistas de la época como Gonzalo Fernández de Oviedo, autor de la *Historia general de las Indias*, hablan para el Caribe de un millón de personas, pero contemporáneos suyos rebajan el número a quinientas o seiscientas mil. Probablemente, nunca conoceremos las cifras reales, pero aun considerando la más baja de todas, esos trescientos mil habitantes para toda el área caribeña, cien mil habitantes para La Española, la realidad es tremenda. Porque lo que sí sabemos es cuál fue la población en los años posteriores.

Solo dieciséis años después del descubrimiento, en 1508, al final del gobierno de Ovando, la población indígena de La Española era de unos sesenta mil individuos. Si aceptamos la cifra más baja de todas, cien mil habitantes, como inicial, eso quiere decir que se había reducido en un cuarenta por ciento. Un número tremendo... que quizá sea solo una ínfima parte del real.

Y la situación estaba a punto de empeorar: dos años después, el número de indígenas era de treinta y tres mil, y en

1519 solo quedaban tres mil. En diez años habían muerto el noventa y uno por ciento de los taínos que quedaban. Se habían convertido en un pueblo en peligro de extinción.

Treinta años después, en 1548, cincuenta y seis después de la conquista, no llegaban a quinientos los taínos de La Española. Un mundo entero, una cultura, una lengua, una mitología, una forma de entender la vida, se había desvanecido.

¿Cómo fue posible?

Sigamos por las causas. Sin duda, las enfermedades importadas de Europa, para las que los indígenas no tenían defensas, fueron devastadoras. En 1493, en su segundo viaje, Colón llevó a La Española ocho cerdos infectados que había comprado en La Gomera y que desataron una «gripe del cerdo» que mató a miles de taínos. En 1518, una epidemia de viruela introducida por un barco negrero provocó la muerte de entre la mitad y las tres cuartas partes de los que quedaban, y los que sobrevivieron lo hicieron en muy malas condiciones.

Sí, las epidemias fueron catastróficas. Pero no son el cuadro completo. Las nuevas enfermedades fueron terribles, pero sus efectos se vieron acrecentados porque incidieron sobre una población debilitada, subalimentada, extenuada y desmoralizada. Y esto sí fue responsabilidad directa de los conquistadores.

La obsesión de los españoles era el oro. La fiebre del oro afectó a todos, desde los Reyes Católicos, pasando por Colón y sus capitanes, hasta el último grumete. Todos querían oro, todos ansiaban oro, todos estaban dispuestos a hacer lo que fuere por el oro. Literalmente, lo que fuere. Ya en la época, fray Toribio de Benavente afirmaba de forma categórica:

> Si alguno preguntase qué ha sido la causa de tantos males, yo diría que la codicia... ¡Oh, cuántos por esta negra codicia desordenada del oro de esta tierra están quemándose en el infierno!

De los reyes para abajo, el principal propósito de los españoles era hacerse ricos, exprimir aquella tierra que su dios les había puesto en las manos. Por eso explotaron las minas con mano de obra esclava —quizá no esclava sobre el papel, pues en teoría el indígena era libre, pero sí en la práctica, pues estaba obligado a trabajar en las minas en condiciones infrahumanas entre ocho y doce meses al año, quisiera o no—; por eso se crearon las encomiendas, un sistema por el cual se entregaba a cada español un cierto número de indígenas para, y mira si no parece sarcasmo, que este cuidara de su protección y de su instrucción religiosa. La contrapartida era que los encomenderos podían hacer que los indígenas trabajaran gratis para ellos. No deja de ser irónico que la excusa que justificaba esta despiadada explotación, esta conversión de los taínos en ganado doméstico, fuera una religión que dice defender la paz, la caridad y el amor al prójimo. ¿Cómo es posible que una doctrina se pervierta hasta tal punto... y siga vigente?

Todo en América estaba orientado hacia la sujeción y la explotación de los indígenas. Durante años, la Corona recibía para sí en encomienda los mejores indígenas y cobraba un peso de oro por cada uno repartido entre los demás. Como las encomiendas no eran a perpetuidad, sino solo por unos años, los encomenderos no se preocupaban por su «ganado»: no les importaba si sobrevivían o no, solo querían exprimirlos todo lo que pudieran antes de que se los quitasen; además, si se les morían en el proceso podían pedir que se los reemplazaran. Y al menos el 60% de ellos moría en las minas, según datos de la época. En 1515, unos frailes dominicos escribían al cardenal Cisneros sobre el trabajo en las minas:

> (...) antes que fuese el día los sacaban a trabajar y los tenían cavando, rodeados de unas piedras muy grandes, lavando oro; y habiendo trabajado hasta medio día sin comer y sin beber cosa alguna, les daban a comer grano, y si les daban algún cazabe era tan poco que no era nada, y con el grano bebían agua llena de tierra y de lodo, y tornábanlos luego al trabajo hasta la noche oscura, sin alzar la cabeza al cielo. Y a la noche dábanles a comer y a cenar lo mismo, y dormían en el suelo, y que a esta causa enfermaban muchos y morían...

Y así uno y otro día, uno y otro día, en unas condiciones de pura y simple esclavitud. Peor todavía, pues mientras ellos estaban en las minas sus mujeres y sus hijas eran sistemáticamente violadas.

> Aunque fuese casada, ahora fuese moza; quedándose él con ella en su choza o rancho, enviaba al triste de su marido a sacar oro a las minas y, en la noche, cuando volvía con el oro, dándole palos o azotes porque no traía mucho, acaecía muchas veces atarle los pies y manos como un perro, y echarlo debajo de la cama como un perro y él encima con su mujer.

Unas personas que hasta entonces habían vivido en una sociedad equilibrada y organizada y habían disfrutado de libertad. Y todavía tenían fama entre los españoles de débiles, holgazanes y blandos.

Tremendo.

Se les morían, cómo no. Tanto es así que los españoles pronto se dieron cuenta de que se iban a quedar sin mano de obra gratuita y decidieron llevar indígenas de otras zonas. Así, en 1508 se declaró a las islas del archipiélago de las Lucayas o las Bahamas «islas inútiles» y se permitió deportar a su población.

Fue lo mismo que abrir la veda en otoño. Los españoles se lanzaron a la caza del indígena en estas islas, de las que el propio Las Casas dice que en pocos años «quedaron habitadas por flores y pájaros».

Decenas de miles de lucayos, un pueblo esencialmente pacífico, fueron capturados y trasladados como ganado a La Española para trabajar en las minas con la excusa de enseñarles la fe católica. Miles ni siquiera llegaron: las condiciones de hacinamiento de la travesía eran tan bestiales que morían a puñados antes de llegar. Eso sí: al menos salvaban su alma, pues los bautizaban, a la fuerza claro, asperjándoles agua en grupo.

El licenciado Alonso de Zuazo dejó, en una carta de enero de 1518, un testimonio muy gráfico de las condiciones en que los lucayos eran trasladados.

Como los sacaron de sus naturalezas y por causa de los pocos mantenimientos de que iban fornecidos los navíos, ha sucedido que se han muerto más de los trece mil de ellos; y muchos al tiempo que los sacaban de los navíos, con la grande hambre que traían se caían muertos, y los que quedaron, siendo libres, los vendieron a muy grandes precios por esclavos, con hierros en las caras; y pieza hubo que se vendió a ochenta ducados.

No, no me lo estoy inventando, por desgracia: es un testimonio de la época. Los aborígenes eran simples cosas, objetos o, en el mejor de los casos, reses que explotar. En 1514 se estableció que treinta y siete taínos proporcionaban en dos años y medio unos cuatrocientos cincuenta pesos de oro a su poseedor, lo que suponía unos cinco pesos por indígena y año. Eso los que trabajaban en las plantaciones, porque los de las minas podían generar hasta veinte pesos de oro al año por cabeza. Y probablemente las cifras reales fueran mucho más elevadas, pues se tendía a minimizar los datos para no pagar impuestos. Hay cosas que nunca cambian.

Insisto: todo estaba pensado para explotar a los nativos, del rey para abajo. Fernando el Católico estaba obsesionado por el oro de las Antillas. Se indignaba cuando le llegaban noticias sobre el trato que los españoles daban a los taínos, pero después presionaba al gobernador para que consiguiera que se incrementase la producción de oro y lo felicitaba, como hizo con Diego Colón, el primer virrey de las Indias, cuando conseguían elevar la producción a base de meter en las minas a un mayor número de indígenas. Don Francisco de Bobadilla, máxima autoridad de la isla en 1500, decía tan tranquilo a sus compatriotas: «Aprovechaos cuanto pudierdes, porque no sabéis cuánto durará». Y esto lo decía un hombre considerado «muy devoto é gran christiano, é muy limosnero é piadosso con los pobres».

Los conquistadores se aprovecharon a conciencia. Los malos tratos eran generalizados, como atestiguan los propios contemporáneos.

Para los recién llegados, América era un sueño: así fueran nobles o campesinos, se veían de repente en el paraíso terrenal, en un lugar cálido, amable y generoso en el que no solo podían enriquecerse, sino en el que eran poderosos. Nada más llegar a las Indias, todos «cobraban humos de noble», en expresión de la época. No era para menos: podían hacer, literalmente, lo que se les antojara, así fuera violar a una indígena o lanzar a los perros para que mataran y comieran a su hombre. Muchos se procuraban varias mujeres para su solaz y tenían diez y más hijos de distintas madres, aunque, por supuesto, nadie se casaba con una indígena. Lo que explica, de paso, que la América hispana hoy sea mestiza. A la fuerza.

Algunos testimonios de la época son espeluznantes, y hay que tener en cuenta que la mayor parte de las brutalidades no llegaron nunca a consignarse por escrito. En una carta dirigida a Guillermo de Croy, señor de Chièvres, consejero del joven e inexperto Carlos I, recién llegado de Flandes (el mismo Chièvres contra cuya rapacidad estallaron las Comunidades castellanas), se contaban verdaderas atrocidades, como que a menudo, cuando los españoles capturaban a una mujer recién parida con su hijo, si este lloraba (mientras la violaban, se sobreentiende), se lo quitaban «aporreándolos con las peñas o arrojándolos a los montes». Otras veces, los españoles pagaban la hospitalidad de los indígenas dándoles espadazos por puro «deporte», porque sí, porque podían y qué más daba. En una ocasión, un tal Diego Albítez, al mando de una tropilla, capturó a ochenta mujeres, pero sus padres y maridos les atacaron para recuperarlas. Fastidiados por el empeño de los aborígenes, las mataron a todas por despecho, porque si no podían ser para ellos no querían que fueran para nadie más.

Y así una y otra historia de sadismo y brutalidad.

Apenas había repercusiones, apenas consecuencias: todos estaban en el ajo y querían mantener aquel sistema que tanto les proporcionaba. Para unas gentes acostumbradas, en su mayor parte, a una vida de miserias y sudores, que llevaban siglos sujetas a nobles y curas y agachando la cabeza ante los desafueros de los poderosos, las Indias eran un sueño en el que podían dar rienda suelta a sus más bajos instintos.

Y lo hicieron, vaya si lo hicieron. Cuando en 1511 el dominico Antonio de Montesinos se atrevió a predicar un sermón en Santo Domingo en el que desnudaba las barbaridades que se estaban cometiendo contra los indígenas, toda la sociedad colonial se escandalizó y el virrey Diego Colón incluso envió una carta oficial de protesta al convento dominico, para que metieran en vereda al fraile. Estos, todo sea dicho, respondieron que Montesinos no había hecho sino exponer la doctrina caritativa de la Iglesia.

Aunque fueron excepciones: los curas y monjes no estaban, ni muchísimo menos, en condiciones de dar lecciones de caridad a nadie. Se mostraron obsesionados, entre otras cosas, con acabar con lo que llamaban, con profundo desprecio por las creencias ajenas, «idolatrías», hasta el punto de que destruían cualquier vestigio «pagano» y, de paso, torturaban y quemaban a los que se resistían a abrazar su caritativa religión.

Aunque el siguiente testimonio se refiere a años después en el continente, es perfectamente extrapolable a lo sucedido en La Española. En 1563, un fraile, Lorenzo de Bienvenida, escribió una carta al rey para denunciar a sus compañeros.

> Y el modo con que sacaban los ídolos los frailes era que colgaban a los indios. Primero azotaban al indio por mandado del provincial, y cuando menos azotes daban era ciento, y si no confesaban tener ídolos lo colgaban públicamente en la ramada de la iglesia por las muñecas y echábanle mucho peso en los pies, y quemábanle las espaldas y barrigas con hachas de cera encendidas hasta que confesaban sus ídolos. Y de estos fueron más de diez mil.

Esto lo contaba un fraile, no un sospechoso enemigo del Imperio empeñado en desprestigiar a los españoles.

Como decía, el indígena no era considerado esclavo, pero casi. Tenía estatus de súbdito, igual que los propios españoles, pero no recibía el mismo trato porque fue clasificado legalmente como «miserable», necesitado de tutela. Los colonizadores, en sus cartas y relaciones a la Península, hacían siempre hincapié —evidentemente, por interés personal— en la holgazanería, la mentira o la incapacidad de los nativos para trabajar y para gobernarse a sí mismos, como si fueran niños pequeños que había que cuidar y enderezar. Como si no hubieran vivido siempre a su aire, sin tutelas. Es cierto que la Corona intentó mejorar su situación, algo loable... que lo sería más si hubiera puesto un poco de empeño en la tarea. Tanto las Leyes de Burgos de 1512 como las Leyes Nuevas de Indias de 1542 no fueron sino intentos fracasados. Nunca se aplicaron. Nunca consiguieron su propósito, antes al contrario, fueron conculcadas sistemáticamente por los colonizadores españoles y por la propia Corona. Fueron papel mojado.

Pero volvamos a los taínos. Aunque en su mayor parte se mostraron amistosos cuando llegaron los españoles, esto cambió muy pronto, nada más comprobar las verdaderas intenciones de los extranjeros.

No tuvieron que esperar mucho. Ya los españoles que quedaron en el fuerte Navidad, tras el primer viaje de Colón, se dedicaron a robar y violar a cuanta mujer se les cruzaba en el camino. La sensación de impunidad era completa, hasta el punto de que no se cortaban a la hora de consignar por escrito las barbaridades que cometían. Así lo hace el italiano Michele Cuneo, que nos narra cómo él mismo, durante el segundo viaje de Colón, violó a una indígena.

> Mientras estaba en la barca, hice cautiva a una hermosísima mujer caribe, que el susodicho Almirante me regaló, y después que la hube llevado a mi camarote, y estando ella desnuda según es su costumbre, sentí deseos de holgar con ella. Quise cumplir mi deseo pero ella no lo consintió y me dio tal trato con sus uñas que hubiera preferido no haber empezado nunca. Pero al ver esto (y para contarlo todo hasta el final) tome una cuerda y le di azotes, tales que no hubieras podido creer tus oídos. Finalmente, llegamos a estar tan de acuerdo que puedo decirte que parecía haber sido criada en una escuela de putas.

Ya en 1494, el humanista italiano y cronista de Indias Pedro Mártir de Anglería (que no visitó nunca las Indias, es cierto, pero que se mantuvo en continuo contacto con descubridores y muy interesado por cuanto allí pasaba) escribía: «nada ansiaban tanto los indios que arrojarlos de raíz...».

Era cierto, lo intentaron muchas veces, aunque la diferencia de armamento y capacidad guerrera era tan abismal que hacía inútil la resistencia. El propio Anglería añadía:

> ¡Oh, maravillosa valentía! Aunque de cada cañonazo caían traspasados diez, a veces doce de ellos, y saltaban sus miembros por el aire, no por eso cejaban.

En estas condiciones, la extinción fue inevitable. La llegada de los europeos, la superioridad de su armamento, las enfermedades, las guerras, los abusos y los malos tratos provocaron una gran mortandad. El mundo indígena, tanto el material como el cultural, quedó aniquilado.

Imagina que de repente cuanto conoces desaparece: tus costumbres, tus creencias, tus relaciones sociales y tus celebraciones, tu lengua, el mismo pueblo en el que vives, todo aquello que te sitúa en el mundo y que da sentido a tu vida, desaparece. Que te arrancan de tu casa —probablemente, después de matar o violar a las mujeres de tu familia— y te obligan a realizar un trabajo extenuante durante ocho meses de cada año mientras, por si fuera poco, te imponen la obligación de creer en un nuevo dios que dicen es todo paz y amor.

Tras comprobar que no se podía vencer a los europeos por las armas, los taínos intentaron estrategias más arriesgadas: dejaron de cultivar sus conucos, sus huertas. Sabían que los españoles dependían de ellos para comer, pues no trabajaban, y pensaron que si pasaban hambre terminarían marchándose.

Lo intentaron, pero no contaban con la rapacidad de los extranjeros: entraron a saco en sus aldeas y se apoderaron de todas las reservas de maíz.

Más de veinte mil taínos murieron de hambre. Los españoles resistieron.

La desesperación llegó entonces a un punto de no retorno. De repente, para los nativos el mundo dejó de tener sentido. Nada podían hacer contra los invasores: no se les podía combatir, no se les podía vencer por hambre. Si escapaban de las encomiendas o las minas, eran perseguidos por jaurías de alanos, unos perrazos como nunca habían visto, que los cazaban y, literalmente, los destrozaban a dentelladas.

Entonces comenzaron los suicidios.

Los taínos no temían a la muerte. Para ellos (como en teoría también para los cristianos, pero al parecer las convicciones taínas eran más firmes), el mundo real era la imagen deslucida del verdadera paraíso, Coaybay, la casa y habitación de los muertos. La muerte era sencillamente el paso al otro mundo. Y cuando la vida en este mundo se hacía insoportable, lo natural era acelerar la transición.

O quizá no fue cuestión de creencias, o no solo de creencias, sino que se trató de una depresión colectiva, generalizada, que se contagió como la peste. Las mujeres comenzaron a abortar; las madres mataban a sus hijos para que no tuvieran que sufrir una vida de esclavitud; los hombres se ahorcaban solos o en grupos, incapaces de soportar un día más los abusos de los encomenderos y el hambre en que estos les tenían, pues apenas les daban lo mínimo para subsistir. El cronista Gonzalo Fernández de Oviedo —nada sospechoso de simpatía por los indígenas— escribió:

> Muchos de ellos, por su pasatiempo, se mataron con ponzoña por no trabajar, y otros se ahorcaron por sus manos propias.

El misionero dominico fray Pedro de Córdoba escribía en una carta al rey Fernando de 1516.

> (...) por los cuales males y duros trabajos los mismos indios escogían y han escogido de se matar... Las mujeres fatigadas de los trabajos han huido el concebir y el parir; porque siendo preñadas o paridas no tuviesen trabajo sobre trabajo; en tanto que muchas estando preñadas han tomado cosas para mover y han movido las criaturas. Otras después de paridas con sus manos han muerto sus propios hijos por no los poner ni dejar debajo de tan dura servidumbre....

Brutal. Un pueblo entero mata a sus hijos, se suicida en masa, desesperado por escapar del invasor. ¿Podemos siquiera imaginarlo? A menudo convertimos las excusas en corazas, en un esfuerzo inconsciente por preservar nuestra racionalidad y nuestra autoestima. Negamos la evidencia para no sentirnos concernidos. Rechazamos los testimonios de la época como capciosos y malintencionados. Decimos que hay que poner lo sucedido en contexto, que aquella época era así de cruel, que los ingleses eran peores o que al menos aquí hubo algunos como el padre Bartolomé de las Casas que defendieron a los indígenas. (Aunque también intentamos defenestrar a los defensores, como hizo el historiador Ramón Menéndez Pidal con Las Casas, contra el que desató una cruzada acusándolo de paranoico, loco, ávido de fama, mentiroso y exagerado).

Las excusas son comprensibles, humanas. Pero estamos obligados a reconocer lo que sucedió.

Y lo que sucedió no tiene justificación alguna.

¿No juzgar? ¿Cómo se puede no juzgar, con la disculpa de que aquella era otra época? ¿Quiere decir eso que lo que hoy es válido, algo tan elemental como «no te cargues al prójimo, no violes, no mates», era menos válido en 1500? No sé por qué, nos resulta muy fácil creer que la gente era diferente hace quinientos, mil o mil quinientos años. Que les movían otros impulsos o que no apreciaban la vida, y las cosas buenas de la vida como lo hacemos ahora.

Pero no lo creo. Qué va. El ser humano es hoy esencialmente igual que hace mil o diez mil años: nos mueven los mismos impulsos. Nos duelen las mismas cosas. Son las épocas las que hacen común y cotidiana la brutalidad, pero que algo sea común no lo hace justificable.

Ni entonces ni ahora.

Por supuesto que debemos juzgar. Es la única forma que tenemos de no repetir los viejos errores: conociéndolos, difundiéndolos para que sean conocidos, y condenándolos. Si no pudiéramos juzgar la historia, todo lo sucedido sería válido: el genocidio armenio, el judío o el tutsi, por citar solo tres ejemplos del siglo pasado, serían solo eso, sucesos históricos, comprensibles en su contexto histórico...

Pero no es así. Hoy nadie, salvo unos cuantos tarados, se atreve a cuestionar que el holocausto judío perpetrado por los nazis fue una atrocidad. ¿Por qué, entonces, nos atrevemos a justificar el genocidio de los taínos en el Caribe o el de gran parte de los nativos americanos? ¿Quizá porque ha pasado mucho tiempo y nos parece más irreal?

Quizá, pero es lo mismo.

Hay otra razón: ¿cuántos de entre los firmes defensores de la labor civilizadora de España, y hay muchos en estos tiempos de nacionalismos exacerbados en los que la mera crítica es considerada herejía antipatriótica, cuántos de ellos se han informado de lo que realmente paso en las Indias? ¿Cuántos son conscientes de que cuando defienden la labor de los conquistadores están defendiendo torturas, matanzas, violaciones y exterminio?

Desde luego, nada de esto se estudia en los colegios españoles. Cuando no se conoce la historia, es muy fácil tergiversarla. Es muy fácil dejarse llevar por un mal entendido orgullo patrio y llenarse la boca con alabanzas a esa supuesta labor civilizadora. Más grave, muchísimo más grave, sería conocer estos hechos y, pese a todo, defender a los que los protagonizaron.

Dicho esto, permítame una reflexión: la historia nunca es una. La realidad es demasiado compleja como para ceñirse a un único guion. Los hechos del pasado ya no existen, se han ido, han desaparecido arrastrados por las arenas del tiempo. Lo único que podemos hacer es especular sobre lo sucedido basándonos en los fragmentos, los retales del pasado que han llegado hasta nosotros. Es algo parecido a reconstruir un inmenso y complejísimo puzle con solo unas cuantas piezas o tratar de entender un libro del que solo tenemos palabras o frases sueltas.

Sin duda, cometeremos errores. Muchos. Interpretaremos mal algunos datos, sacaremos de contexto otros, nos faltarán otros más. Pese a todo, debemos intentarlo, porque la tarea merece la pena: no se trata de buscar culpables o emitir condenas, sino de construir el relato del camino que ha recorrido la humanidad. De entender cómo hemos llegado hasta aquí, comprender dónde estamos y, quizá, también adónde vamos.

4

Volvamos a Guarocuya, ahora que ya tenemos unos cuantos datos más sobre lo que sucedió en La Española en los primeros años de la conquista. Lo habíamos dejado en Yaguana, apenas un chiquillo y todavía con el horror de la matanza en los ojos.

Guarocuya y otros hijos de caciques fueron recogidos y criados por frailes franciscanos, quizá en el convento de la orden de la villa de Santa María de la Vera Paz, actual Puerto Príncipe, capital de Haití. Digo quizá porque de este período de su vida no se sabe gran cosa; otros cronistas afirman que fue criado en la villa de San Juan de la Maguana, al norte del actual Lago Enriquillo. Tanto Vera Paz como Maguana fueron fundadas en aquellos días, hacia 1503 o 1504, dentro del plan de Ovando de colonizar la isla.

Hablando de Ovando, sus drásticos métodos obtuvieron los resultados que pretendían: la matanza de Jaragua supuso la pacificación de la isla.

Durante los siguientes diecisiete años nadie osó enfrentarse a los españoles. Los taínos, vencidos, diezmados y desmoralizados, se sometieron a los dictados del invasor y trataron de acomodarse a sus demandas.

De cuando en cuando, la desesperación estallaba en forma de suicidios colectivos o de huida a los montes. Si sucedía esto último, los conquistadores enviaban al alguacil de campo al frente de una cuadrilla formada por españoles e indígenas «guaitiaos», amigos, que con ayuda de los perros rastreaban el terreno hasta dar con los desdichados.

Mientras tanto, Guarocuya, que ahora era llamado Enriquillo por los frailes, aprendía a leer y escribir en castellano, a adorar a los dioses de los extranjeros y a vivir según sus costumbres.

—Es indio ladino, sí. Dócil y letrado, que hasta lee y escribe en buen castellano, como Dios manda, que no parece indio de tantas luces como tiene —dicen de él los frailes del convento.

«Indio ladino», pues. Un inciso sobre el término: ladino era el que ya conocía el idioma y las costumbres españolas, tanto indígena como negro esclavo. Se oponía a «bozal», que en el caso de los negros señalaba al recién llevado de África, el que lo desconocía todo sobre sus captores y que, por tanto, no estaba «maleado». Obviamente, los dueños de las haciendas o los ingenios de caña de azúcar preferían a los negros bozales, mucho más temerosos del mundo al que llegaban y, por tanto, más dóciles. Con los indígenas no sé si pasaba lo mismo, pero el término ladino acabó significando «astuto, sagaz, taimado» por algo: había que serlo para sobrevivir bajo el dominio de los conquistadores. En este momento en el que escriben los frailes, sin embargo, el término ladino parece no haberse cargado todavía de significado peyorativo.

Sigamos. En 1514, cuando Guarocuya tenía unos veinte años, las cosas comenzaron a torcerse. En diciembre de ese año se realizó un gran reparto de indígenas entre los españoles, el llamado repartimiento general de Alburquerque, y

Guarocuya fue encomendado con otros cincuenta y ocho taínos a un español, Francisco de Valenzuela, vecino y regidor de San Juan de la Maguana. Guarocuya, como hijo de cacique, era la autoridad principal entre los suyos, obedecido por estos y tratado como tal por los españoles, que tenían el mayor interés en que su autoridad se respetara. No había sido casualidad que Guarocuya se salvara de la quema de Jaragua: como él, muchos hijos de caciques fueron apresados y educados entre los españoles, algunos llevados incluso a la Península, para ganarse sus voluntades y convertirlos en fieles súbditos de la Corona. Para ello se les otorgaban prebendas, como ser tratados de don —lo que en la época equivalía al reconocimiento oficial de su nobleza—, llevar armas o poseer caballos, algo prohibido entre los taínos.

Tras el repartimiento, Guarocuya se convirtió en capataz de Francisco de Valenzuela, al cargo de los taínos que este tenía en encomienda. Eran años duros. Pasados los primeros asombros tras la llegada a América, en La Española se había ido estableciendo una casta de españoles celosa de sus privilegios que veía con malos ojos a todo el que llegaba de la Península, a todos esos funcionarios que siempre van tras los conquistadores, como si temieran que les quitaran lo que «tan esforzadamente» habían conseguido. El repartimiento de Alburquerque favoreció a esta minoría frente a los recién llegados y, por eso mismo, levantó ampollas y protestas y enrareció el ambiente.

Por entonces vivían en la isla unos diez mil españoles repartidos en unos dieciséis núcleos de población, una cifra considerable aunque casi ridícula si tenemos en cuenta el tamaño de La Española, unos 78.000 km^2: 650 km de largo por 265 de ancho en sus zonas máximas. (Aunque no se sospechaba, ese fue muy probablemente el tope de la población española en la isla).

Durante veinte años La Española había sido el centro neurálgico de la América conquistada, pero la marea estaba a punto de cambiar. Puerto Rico, Jamaica y Cuba estaban en pleno proceso de colonización, Tierra Firme tentaba cada vez más a los aventureros y Cuba se perfilaba como el trampolín ideal para saltar al continente.

En 1513, Vasco Núñez de Balboa alcanzaba el océano Pacífico y Juan Díaz de Solís descubría el Río de la Plata, mucho más al sur, con lo que el mundo antillano comenzaba a mostrarse demasiado pequeño para las ambiciones de los europeos; en 1515 se fundaba La Habana, y cada vez con más frecuencia aparecían evidencias de que América era un inmenso continente que ocultaba incontables (y muy apetecibles) riquezas.

Al mismo tiempo, los «placeres», las explotaciones auríferas de La Española, rendían cada vez menos porque estaban agotándose y porque comenzaba a escasear la mano de obra: los nativos, que además estaban mal repartidos y concentrados en unas pocas manos.

Muchos españoles, los mismos que se habían creído en el paraíso terrenal, llevaban un tren de vida muy por encima de sus posibilidades, pues en las Indias todo era muchísimo más caro que en la Península (todo se traía de esta, y en escasa cantidad), por lo que estaban fuertemente endeudados.

Así pues, comenzaron a escapar: abandonaban plantaciones, placeres y encomiendas y se embarcaban en el primer galeón que partía hacia Cuba o Tierra Firme, en busca de nuevas tierras que saquear.

La Corona trató por todos los medios y durante años de impedirlo: prohibió que nadie saliera de la isla sin expresa licencia y vendía en España las maravillas de La Española al estilo de la mejor agencia publicitaria actual, una tierra en la que todo crecía sin esfuerzo, e incluso se ofrecía a financiar el viaje a los que quisieran embarcarse en la aventura americana.

Pero la tendencia se evidenció imparable, y el declive se iba a acentuar tras la conquista del Imperio azteca por Hernán Cortés y del Imperio inca por Pizarro. La Española, que había sido el centro, se despertó una mañana en la periferia, olvidada de todos. Y ahí se quedó.

Aunque todavía no. En la segunda década del siglo XVI, especialmente entre 1515 y 1520, todo esto comenzaba a manifestarse, pero solo como una amenaza de futuro. Por el momento, el problema estaba de puertas adentro: en las rencillas entre españoles por el desigual reparto de indígenas, en los beneficios de los placeres que menguaban, en la generalización de los maltratos y en las primeras voces que se alzaban para defender a los nativos.

Guarocuya, como cacique y capataz, vivía cómodamente, pero tenía que lidiar día tras día con esta situación. Sabemos que por estos años se casó, o le casaron, con una prima suya, nieta de Anacaona, llamada Mencía.

Las causas directas de la rebelión son desconocidas. Algunos autores hablan de que, tras la muerte del encomendero Francisco de Valenzuela —al que retratan como un tipo decente— heredó la encomienda su hijo Andrés de Valenzuela, que era un mal bicho. Tan mal bicho que violó a Mencía, la mujer de Guarocuya, un poco al estilo del *ius primae noctis*, el derecho de pernada de la Edad Media, para demostrar su autoridad sobre el cacique. Según estos autores, Guarocuya presentó denuncia formal ante el gobernador de San Juan de la Maguana, Pedro Vadillo, pero este no solo hizo caso omiso de la denuncia, sino que se esforzó porque retirase la acusación y llegó a azotar a Guarocuya para dejar bien asentado quién mandaba allí. Pero Guarocuya no estaba dispuesto a dejar pasar la afrenta y apeló a la Audiencia de Santo Domingo, la máxima instancia judicial de las Indias en aquel instante. Una vez más sin resultado, con lo que no le quedó más salida que la rebelión.

Otras versiones coinciden en que el culpable fue Andrés de Valenzuela, pero por motivos más serios (aunque igualmente difíciles de creer). Afirman que en su testamento Francisco de Valenzuela dejó su hacienda a Enriquillo, y que este había fundado con los taínos una especie de población libre en una llanura llamada La Higuera, y que allí vivían tan felices, sin malos tratos, bajo la bondadosa dirección del cacique, en una especie de Arcadia feliz. Andrés de Valenzuela, corroído por el odio y el despecho, maniobró y maquinó hasta conseguir que se revocaran las disposiciones testamentarias de su padre en favor de los taínos, con lo que los indígenas fueron nuevamente reducidos a servidumbre, lo que habría provocado la reacción de Guarocuya.

Ambas explicaciones (y una tercera que suma las dos, primero la revocación del testamento, después la violación y la denuncia desatendida) son poco creíbles. Las imágenes del noble Valenzuela otorgándole su hacienda a un nativo contra su propio hijo y la del bondadoso cacique rigiendo con sabiduría y prudencia los destinos de los suyos al margen de los conquistadores son tan utópicas que se descalifican a sí mismas.

Pero no son los únicos elementos fantásticos. De hecho, no falta ninguno de los ingredientes de la ficción clásica: el malo malísimo (Andrés de Valenzuela), el héroe agraviado (Guarocuya, por supuesto), el varón prudente y honorable (Francisco de Valenzuela), la autoridad cómplice y corrupta (Pedro Vadillo), el honor ofendido (en la persona de Mencía) y la causa justa, la rebelión contra el opresor... que no son tanto los españoles como Andrés de Valenzuela.

Y tiene su explicación, porque todo esto es en realidad ficción, y una tan poderosa que se ha convertido en verdad en el imaginario colectivo americano: Enriquillo es también un personaje literario de considerable éxito en la actual República Dominicana, donde la novela titulada así, *Enriquillo*, de Manuel de Jesús Galván, publicada por primera vez en 1892, está considerada como una de las cumbres de la literatura del país.

El problema es que historia y ficción se han fusionado hasta hacerse difíciles de distinguir. Peor todavía: el *Enriquillo* de Galván, que en realidad tiene dudosos méritos literarios, ha convertido a Guarocuya en un héroe nacionalista, el representante de la raza taína, el defensor de los aborígenes: en un mito. Lo que no deja de ser asombroso, porque el *Enriquillo* de Galván es en realidad un personaje reaccionario, un héroe romántico que se opone a la injusticia pero que defiende los valores del conquistador. *Enriquillo* es el exitoso intento de la oligarquía dominicana (criollos e hijos de criollos, no lo olvidemos, y por tanto descendientes de españoles) de crear un mito que sirviera de promoción de la ideología de la clase dominante tras la independencia de España. El Enriquillo de Galván habla siempre castellano, utiliza los nombres castellanos, adora al dios castellano y asume sus principios, hasta el punto de que Galván describe ese poblado imaginario de La Higuera como «un patriarcado que traducía a la práctica algunas de las más bellas enseñanzas de la Biblia».

Galván, lejos de defender al indígena (él mismo afirma en el prólogo de su libro que está muy lejos «de la manía indiófila»), busca defender la colonización española.

Para él, los problemas del pueblo taíno no proceden del hecho en sí de la conquista, sino de la corrupción y perversidad de algunos individuos aislados. El mal está en el individuo, no en el sistema.

Pedro Conde Sturla, crítico literario y profesor de la Universidad Autónoma de Santo Domingo, lo expresa mucho mejor que yo en un ensayo de envidiable lucidez titulado *Notas sobre el Enriquillo*, donde afirma:

> El propósito fundamental de Galván es advertir precisamente a las clases dominantes de no perseverar en el abuso, no cargar demasiado la mano, no exagerar los malos tratos. De otra manera, existe la posibilidad terrorífica de que los humildes se unan y combatan.

Lo sorprendente es que, con esos mimbres, la novela *Enriquillo* haya convertido a su protagonista en un héroe nacionalista.

Ficciones al margen, la rebelión de Guarocuya es un hecho histórico innegable, pues han quedado suficientes documentos que lo prueban.

¿Por qué se rebeló el cacique? Solo podemos especular. Imagino que hubo algún «disparador» personal, alguna injusticia o abuso que terminó por decidirlo, y hasta es posible que en la historia que cuenta Galván (y que él toma de fray Bartolomé de las Casas, otro defensor de la «justa colonización»... que aunque justa, no deja de ser colonización) haya algo de verdad. Sea como fuere, las causas de fondo que impulsaron al cacique son evidentes: los abusos contra su gente, los maltratos constantes, la evidencia de que su pueblo estaba desapareciendo y de que a los españoles les guiaba la más descarnada codicia.

Guarocuya se rebeló en 1519. Desde el año anterior, una epidemia de viruela estaba provocando miles de muertos. De los cien mil aborígenes que veintisiete años antes vivían en la isla de Haití (insisto, considerando los cálculos más bajos, pues bien podrían ser un millón), apenas quedaban tres mil. Por poca empatía que tuviera, Guarocuya tenía que ser consciente de que la desaparición de su pueblo era una catástrofe, una pesadilla acrecentada y evidenciada por la diaria brega con cientos, miles de cadáveres. Nosotros, lectores del siglo XXI, no podemos siquiera imaginar lo que un escenario así le hace a la mente humana. Afortunadamente.

Hasta donde sabemos, incluso es posible que fuera este motivo, el deseo de salvar a los pocos que quedaban, de retirarse a las montañas lejos de la muerte que los españoles llevaban pegada como una coraza invisible, la razón última de la rebelión. No hay que olvidar que Guarocuya era un cacique, emparentado con los grandes caciques que habían gobernado Jaragua y Maguana, uno de los últimos de su estirpe. En cierta forma, llevaba en los genes la preocupación por los suyos. Era su responsabilidad, o así debía de considerarlo. Un dato que defiende esta teoría es que, cuando Guarocuya se decidió, no se lanzó contra los españoles ni atacó población alguna: se limitó a dirigirse a las montañas en busca de un territorio libre de conquistadores.

5

Un buen día de 1519, el chiquillo que de niño había visto cómo mataban a su gente y a su propio padre en Jaragua ordenó a los suyos que empacaran sus escasas posesiones y encabezó la marcha. El lugar elegido era la sierra de Bahoruco, al sur de San Juan de la Maguana, un terreno abrupto con desniveles de más de 2.300 m de altura y cubierto de bosques, una selva vacía de gentes, de difícil acceso y completamente desconocida para los españoles. Gran parte de la isla, por entonces, estaba prácticamente despoblada, mas allá de los pocos y pequeños núcleos urbanos.

Pero las cosas no iban a ser tan fáciles. Cuenta el padre Bartolomé de las Casas que cuando Andrés de Valenzuela se enteró de la marcha salió en persecución del cacique al frente de una docena de hombres armados. Guarocuya se hizo fuerte en un paso de las montañas y allí enfrentó a su encomendero. No le costó descalabrar a los perseguidores, varios de los cuales perdieron la vida. El propio Valenzuela se salvó por los pelos, pues los taínos recién liberados querían matarlo y solo gracias a la intervención de Guarocuya conservó la vida.

—Agradeced, Valenzuela, que no os mato —cuenta Las Casas que dijo—; andad, idos y no volváis más acá, guardaos.

La noticia voló por la isla. La rebelión asombró a los españoles, que hacía tiempo que se tenían por señores indiscutidos, y levantó el ánimo de los pocos taínos que quedaban. Muchos comenzaron a abandonar haciendas y minas para dirigirse a la sierra del Bahoruco. «¿Dónde? ¿Dónde están?», ¡Corred al Bahoruco, que allí han renacido nuestros padres!». La esperanza, que yacía olvidada en un rincón, aleteó en los pechos.

La Audiencia de Santo Domingo, con el gobernador al frente, comprendió que no podía dejar impune tal desafío.

—O terminamos de raíz con este despropósito, o nos quedaremos sin gente que trabaje las minas y las tierras. ¿Qué haremos entonces?

Enviaron una fuerza armada de unos ochenta hombres tras el cacique, un ejército muy considerable para la época y el lugar, sobre todo si tenemos en cuenta que solo se trataba de someter a unos cuantos indígenas rebeldes. ¿Pues no había bastado un puñado de españoles para dominar a los miles de habitantes de la isla, una generación atrás?

Pero los tiempos habían cambiado, y los soldados españoles lo iban a aprender de la forma más dura: la nueva expedición fue derrotada y la noticia de la segunda victoria desató el fervor. El éxodo hacia el Bahoruco se incrementó. Los indígenas de ojos asombrados, los que habían recibido primero con estupefacción y después con alarma a unos españoles a los que creían dioses, ya no existían más.

—¡Es de la estirpe de Caonabo! —decían, pues este había sido un valeroso guerrero, el primero en oponerse a los diablos llegados del mar—. ¡Es sobrino de Anacaona!

Los taínos conocían las armas españolas y habían aprendido sus tácticas guerreras. Tanto que los propios oidores de la Audiencia de Santo Domingo escribían al emperador Carlos unos años después a propósito de este mismo enfrentamiento:

> Es guerra con indios industriados y criados entre nosotros, y que saben nuestras fuerzas y costumbres, y usan de nuestras armas y están proveídos de espadas y lanzas, y puestos en una sierra que llaman Bahoruco, que tiene de largura más que toda el Andalucía, que es más áspera que las sierras de Granada.

Guarocuya estableció su cuartel general en las montañas, en un lugar de difícil acceso en el que los taínos podían cultivar sus conucos y vivir más o menos en paz. Allí afluye la gente, unos y otros encuentran los caminos secretos de la selva, pues de súbito la esperanza es fuerte. ¿Y si de verdad pudieran volver al mundo de sus padres y abuelos, cuando los extranjeros no eran ni sombras en el horizonte? Hombres y mujeres acuden de todas partes. Brotan pañuelos de colores, se olvidan las camisas y faldas que aprisionan los cuerpos y reaparecen las ropas sencillas que siempre han vestido, que la vergüenza es invento castellano. Se recuperan usos y costumbres, las mujeres vuelven a cultivar sus conucos y a preparar el cazabe, los hombres clavan firmemente el poste que sirve de eje de los caney, construyen las viviendas, cazan y pescan. Renacen los viejos ritos de paso, se celebran areítos y los behiques curan a los enfermos.

Es, de nuevo la tierra de los taínos, Haití, la isla recuperada.

Y así hubiera sido, probablemente, si los españoles se hubieran olvidado de ellos. Estos no estaban dispuestos a permitir que el cáncer de la deserción se extendiera entre sus siervos y trabajadores, habrase visto tamaña afrenta, así que se dispusieron a acabar con los rebeldes.

Pero Guarocuya se reveló como un hábil estratega: sabía que no saldría bien librado de una guerra frontal, así que desarrolló tácticas de guerrilla, exactamente iguales a las que, cosa curiosa, los propios españoles utilizarían trescientos años después contra los soldados napoleónicos en España. Estableció vigías en los pasos de montaña que le avisaban si se aproximaba una tropa armada, y cuando esto sucedía enviaba a las mujeres, los niños, los ancianos y los enfermos a refugiarse en alguno de los emplazamientos alternativos que tenía distribuidos por los lugares más inaccesibles de la sierra, en cada uno de los cuales había almacenes y campos de cultivo para que se alimentaran si la situación se prolongaba. Extendió una densa red de espías que se infiltraba en las haciendas, las casas y los palacios de los españoles, taínos que le informaban de los planes de sus enemigos.

La propia Audiencia de Santo Domingo, desesperada, se excusó ante el emperador Carlos por no ser capaz de derrotarlo.

—Tiene tantos espías en las villas y en el campo que no se menea un español sin que Enriquillo lo sepa...

Se calcula que Guarocuya llegó a reunir bajo su mando a un centenar, quizá un centenar y medio de guerreros. En total, los indígenas alzados no debían de superar las trescientas o cuatrocientas personas. Unas cifras muy modestas, pero considerables si tenemos en cuenta los pocos nativos que quedaban. Y suficientes, en cualquier caso, para convertirse en los amos de un extenso territorio muy poco poblado.

El nombre de Guarocuya se hizo legendario. Los taínos que todavía estaban sujetos a encomienda o servidumbre hablaban de él a escondidas y soñaban con escapar, los negros de las plantaciones se contaban sus hazañas y los españoles lo despreciaban... y lo temían. Tanto que, cada vez que conseguían prender a un rebelde o atrapar a un espía, convocaban un gran acto público, llevaban a los negros esclavos y a los taínos que quedaban por la zona y colgaban al infeliz como escarmiento general, para que los otros se atemorizaran.

Pero ni con esas. En una ocasión, un puñado de taínos se alzaron contra sus encomenderos, mataron a cuatro españoles y huyeron hacia el Bahoruco. El cabildo de la villa de Santa María de la Vera Paz envió al capitán Diego de Peñalosa tras los rebeldes, pero estos se internaron en las montañas y les perdieron la pista.

La desesperación comenzó a cundir entre los españoles, que informaron a la Corona de lo que estaba pasando.

Mientras tanto, Guarocuya y sus hombres se volvían más osados: asaltaban las haciendas de los españoles para aprovisionarse de bastimentos, gallinas, armas. Nadie estaba seguro en la isla.

La leyenda del cacique taíno crecía sin parar.

Cuatro años después de la rebelión, el 18 de octubre de 1523, la Corona declaró oficialmente la guerra a Guarocuya, con lo que se reconocía de forma explícita la gravedad del problema. El Imperio azteca acababa de ser derrotado y Carlos V no podía consentir que en el corazón de la América hispana un puñado de rebeldes humillara a los conquistadores una y otra vez. Su ejemplo podía convertirse en la chispa que desatara un incendio: había que sofocar la sublevación como fuera.

Pero una cosa es decirlo y otra hacerlo: la presa es escurridiza. Una y otra vez se prepararon expediciones para someter a los rebeldes, y una y otra vez fracasaron: sufrían ataques en los pasos de montaña, se pasaban meses dando vueltas de un lado a otro si tener el menor atisbo de los indígenas, se perdían en las fragosidades de la selva o terminaban derrotados por ejércitos de mosquitos y fiebres tropicales. Los meses se convirtieron en años y estos pasaron sin que Guarocuya fuera derrotado.

—¡Haití es libre! —En los yucayeques perdidos por la selva del Bahoruco se celebraban areítos y se cantaba una vez más la historia del pueblo taíno, se recordaban los felices tiempos del pasado y se incorporaban nuevos versos que hablaban de los extranjeros venidos de más allá del mar y del cacique que los había derrotado.

A principios de 1527, ocho años después del inicio de la sublevación, los españoles comprendieron que no podrían derrotar a los alzados por las armas. Los sucesivos intentos habían fracasado y las expediciones militares eran una sangría para la Hacienda real y los vecinos de la isla: en ocho años se habían gastado más de veinticinco mil pesos oro. Así que cambiaron de estrategia y enviaron al capitán Hernando de San Miguel y a un tal fray Remigio con una oferta de paz: si cesaban los ataques a las haciendas, los rebeldes podrían asentarse libremente en cualquier parte de la isla que ellos eligieran.

Guarocuya no aceptó. Fray Bartolomé de las Casas afirma que el cacique no se fiaba de los españoles —algo que difícilmente se le podría recriminar— y no acudió al encuentro en el que iba a sellarse el pacto. Fuera como fuese, la Audiencia de Santo Domingo decidió suspender las hostilidades y se limitó a mantener una cuadrilla de unos treinta hombres para vigilar el Bahoruco. Era lo mismo que decir abiertamente que habían sido derrotados.

Pasaron unos años. La comunidad indígena crecía y prosperaba en sus refugios de la montaña. Mientras los españoles sojuzgaban América Central y ponían sus ojos en el fabuloso Imperio inca, en la isla de Haití, por primera vez desde la conquista, había taínos libres, que no rendían pleitesía al conquistador.

Las montañas no debían de ser el mejor lugar para vivir: la humedad elevada, las temperaturas más bajas que en la costa y la dificultad de cultivar la tierra en una zona selvática complicarían la supervivencia, pero cualquier cosa era mejor que el infierno que habían sufrido en manos de los españoles. Si uno cerraba los ojos, incluso podía imaginarse que los felices años anteriores a la conquista estaban de vuelta...

En 1532, trece años después del inicio de la sublevación, el número de cuadrillas de defensa que mantenía la Audiencia de Santo Domingo había crecido a cuatro: una en San Juan de la Maguana, otra en Yaguana, otra en Puerto Real y una última entre La Vega y Santiago de los Caballeros: un costoso dispositivo que, además, era muy poco efectivo.

La Corona española decidió que había que terminar de una vez por todas con tan poco edificante ejemplo. El 18 de junio de ese año ordenó reclutar a doscientos hombres para que, conjuntamente con los vecinos de La Española, se organizara una campaña militar que acabara con los rebeldes. Se trataba de la mayor expedición organizada hasta el momento: los que se alistaran en España recibirían pasaje, comida gratis, sueldo y, cuando sometiesen a los rebeldes, se les entregarían como esclavos cuantos indígenas capturasen para que hicieran con ellos lo que les placiera; más todavía: el oro que fuera hallado en manos de los rebeldes sería repartido entre los voluntarios sin pagar el impuesto real.

Se designó capitán a Francisco de Barrionuevo y la cédula real se publicó en las principales ciudades, villas y aldeas de Sevilla y Cádiz. Se habían acabado los paños calientes: el gigante imperial se desperezaba y se disponía a aplastar al molesto mosquito.

Pero las cosas no fueron bien. Pese a tanta oferta, Barrionuevo no consiguió reclutar a los doscientos hombres requeridos. El 26 de febrero de 1533 arribó a Santo Domingo con ciento ochenta hombres... en su mayoría labradores andaluces que ni sabían luchar ni tenían interés alguno en guerras y conflictos. Se habían alistado porque se les prometía pasaje gratuito y América seguía sonando en sus oídos con la música de la tierra de las mil oportunidades, el lugar en el que dejar atrás una vida miserable como jornaleros de algún cortijo y establecerse como propietarios.

Barrionuevo comprendió que con aquellas tropas poco iba a lograr, y menos en un territorio tan agreste como el del Bahoruco. Habló con el gobernador de la isla y alcanzó un acuerdo: sus hombres, que al fin y al cabo eran labradores en su mayoría, se ocuparían de las haciendas y plantaciones de los españoles asentados en la isla mientras estos formarían el grueso de la expedición, pues ya estaban aclimatados y conocían mejor el terreno y las mañas de los indígenas.

Así lo acordaron, pero cuando intentaron poner en marcha su plan comprobaron que los plantadores no estaban por la labor de arriesgar vidas y haciendas por el rey.

—A ver, a ver: ¿qué se nos ha perdido a nosotros en esta guerra, qué nos va en que un puñado de indios se esconda en las montañas? ¡Mal bicho es ese Enriquillo, que fama de feroz tiene! Mejor dejarlo en paz que perder la vida en el intento...

Hay que entenderlo: por entonces, hacia 1533, las minas de oro estaban agotadas y la mayor parte de los trabajadores de las haciendas no eran ya taínos, que no quedaban, sino esclavos africanos, mucho más resistentes. Salvo a aquellos que tenían sus explotaciones en los alrededores del Bahoruco, a nadie le importaban cuatro indígenas rebeldes. O, al menos, a nadie le importaban... hasta que llegaban los oficiales de la Audiencia a recaudar los dineros necesarios para pagar a las tropas.

Barrionuevo terminó comprendiendo que su gran expedición nunca se produciría: no tenía soldados suficientes. No sabemos qué sucedió entonces, pero debió de haber un intenso intercambio de mensajes entre Santo Domingo y Madrid, porque los planes de la Corona cambiaron radicalmente. De pronto, Enriquillo ya no era un rebelde al que había que esclavizar, sino un honorable enemigo al que ofrecer, una vez más, un pacto: la promesa de que serían perdonados si regresaban al redil español.

El capitán Francisco de Barrionuevo, al frente de una partida de treinta y cinco hombres y con ayuda de guías indígenas, se internó en el Bahoruco. Durante semanas estuvieron dando vueltas de aquí para allá sin encontrar la menor señal de los alzados.

Desesperaban ya y se disponían a regresar, humillados, cuando Guarocuya se dejó ver. Barrionuevo debió de respirar hondo, porque en el ínterin había sido nombrado gobernador de la provincia de Castilla del Oro, que se extendía desde el golfo de Urabá hasta Veragua, en el límite entre Centroamérica y Sudamérica. Solo el nombre de la provincia era suficiente reclamo para unos españoles ávidos de fortuna, y Barrionuevo no era ninguna excepción: debía de estar ansioso por regresar a Santo Domingo y subirse al primer barco que partiera hacia su prometedora gobernación. De repente, La Española le parecería bien poca cosa en comparación con las riquezas que tenía que albergar una tierra que llevaba el nombre de Castilla del Oro.

Para gran alivio de Barrionuevo, esta vez Guarocuya se mostró dispuesto a llegar a un acuerdo.

Se reunieron en las cercanías del lago que hoy se llama Enriquillo. Por aquellos lugares tenían los alzados un pueblo escondido en el que vivían unas cuatrocientas personas, la mayoría refugiados en cuevas.

Los españoles le ofrecieron tierras para él y para los suyos y la posibilidad de establecerse con su gente en el pueblo que quisieran. A cambio, eso sí, Guarocuya debía comprometerse a dejar las armas y a apaciguar a los taínos cimarrones que, siguiendo su ejemplo, proliferaban por la isla.

Sorprendentemente, Guarocuya aceptó. Y aquí, una vez más, solo podemos especular. Trato parecido se le había ofrecido seis o siete años antes y lo había rechazado de plano. Entonces, ¿por qué ahora sí? Todo lo que tenemos para comprender su decisión son conjeturas. Guarocuya había sido criado entre españoles y su vida había sido más o menos cómoda, pero llevaba catorce años alzado, de aquí para allá, siempre con la tensión en las sienes y el miedo a que le traicionaran presente, a que una tropa armada apareciese de repente entre las montañas y abriera fuego contra los suyos. Se acercaba a los cuarenta años, lo que ahora es poco pero entonces era una edad respetable, especialmente entre los taínos, y muy probablemente estaba enfermo, sin fuerzas, extenuado.

Aun así, cuesta comprender su decisión. Al parecer, la situación de las comunidades de fugitivos era límite, pues los españoles quemaban sus huertos cada vez que se topaban con ellos, lo que había terminado por desatar el hambre.

O quizá, simplemente, Guarocuya comprendió que el mundo de los taínos nunca volvería a ser lo que había sido, que los españoles no se marcharían. ¿Cuántos de los suyos quedaban? ¿Quinientos, seiscientos en el inmenso territorio de la isla? Tal vez se percató de que esta vez las cosas eran distintas, pues el pacto que le ofrecían llevaba el refrendo del mismísimo emperador Carlos. Era el reconocimiento de la victoria frente al poderoso emperador de los castellanos. Nunca tendría mayores garantías de seguridad para su gente: la posibilidad de vivir a su aire, como taínos, sin la necesidad de estar huyendo. Aunque solo fueran unos pocos.

Como digo, especulaciones. El caso es que el cacique aceptó y él y su gente se establecieron, tras las ceremonias correspondientes, en un pueblo que algunos identifican con Boyá, cerca de Santo Domingo.

La paz había llegado. O casi, porque no todos los taínos aceptaron: durante años, partidas de rebeldes continuaron escondidos en las montañas. Algunos terminaron rindiéndose, de otros nada más se supo.

Guarocuya no pudo disfrutar mucho tiempo del merecido descanso. Falleció pocos meses después, el 27 de septiembre de 1535. Finalmente los españoles le derrotaron, aunque de la forma más inesperada: mediante la tuberculosis. Su tumba pronto se convirtió en lugar de peregrinación de los indígenas. Los españoles, para cortar de raíz la creación del mito, construyeron sobre su tumba la iglesia de Nuestra Señora del Agua Santa de Boyá.

La gesta de Guarocuya, aunque limitada en su alcance, es considerable. Fue capaz de combatir a los mismos conquistadores que estaban poniendo de rodillas un continente entero y de mantenerlos en vilo, contra todo pronóstico, durante casi tres lustros. Por ello, Guarocuya ha pasado a la historia como el único taíno que se enfrentó al Imperio español y consiguió derrotarlo.

Los otros Guarocuyas

Rebeldes en las islas del Caribe

6

La rebelión de Guarocuya distó mucho de ser el único alzamiento de los naturales del continente americano contra los europeos. Más allá de las guerras de conquista, una vez sometidos, los pueblos americanos se sublevaron una y otra vez contra el invasor, y lo hicieron no solo en los primeros años, cuando todavía estaba muy presente el recuerdo de lo perdido, sino a lo largo de los siglos que duró la ocupación.

La relación de las rebeliones indígenas (y negras, una vez que se implantó en América un sistema de explotación basado en la importación de esclavos africanos) es tan extensa como abrumadora, y una señal de hasta qué punto existió un fuerte rechazo contra una presencia que se sentía como opresión. Solo la drástica disminución de la población natural del continente redujo la intensidad de las rebeliones en áreas concretas, de forma muy especial en las Antillas.

Aun así, y circunscribiéndonos a esta área insular antillana, la resistencia fue intensa y extendida. La rebelión de Guarocuya estuvo precedida y seguida por otros alzamientos contra la dominación europea. En la propia isla de La Española, el pacto que firmó el cacique rebelde no trajo la paz, pues diversos grupos de indígenas y cimarrones —esclavos negros huidos—, juntos o por separado, siguieron enfrentándose a los españoles o alejándose de ellos, retirándose a las zonas más inhóspitas de la impresionante geografía isleña —con alturas que alcanzan los 3.175 m en el pico Duarte— para vivir en libertad.

Una de las rebeliones taínas de mayor calado estalló en Puerto Rico (llamada por los taínos Boriquén o Borinquen) en 1511, y se prolongó hasta 1518, un año antes de que Guarocuya se levantara a su vez en La Española. Su principal protagonista, una vez más muy conocido en las Antillas y completamente ignorado en España, fue el cacique Agüeybaná el Bravo.

Los españoles llegaron por primera vez a Boriquén el 19 de noviembre de 1493, durante el segundo viaje de Cristóbal Colón, fecha en que tomaron oficialmente posesión de la isla... al menos sobre el papel. En la práctica, hasta 1508 no comenzó su conquista y ocupación.

En agosto de ese año de 1508, Juan Ponce de León, que ya había participado al lado de Nicolás de Ovando en la conquista de La Española —y que se había hecho rico explotando a los taínos como gobernador de la recién creada provincia de Higüey—, obtuvo permiso de Ovando para explorar y ocupar Boriquén.

Fue el comienzo de la ocupación efectiva de la isla. El principal cacique, Agüeybaná, que sin duda tenía noticias de lo que estaba sucediendo en La Española, adoptó una postura conciliadora, muy probablemente tratando de evitar un enfrentamiento directo que sabía perdido de antemano. Debió de imaginar que si aceptaba firmar una alianza con los recién llegados, estos no los tratarían como vencidos.

Ponce de León exploró y fundó las primeras localidades españolas, entre ellas la actual San Juan de Puerto Rico. Tras ocupar Boriquén sin apenas resistencia y ser nombrado gobernador de la isla en 1509, se dedicó de lleno al verdadero objetivo de su viaje: extraer el máximo beneficio posible de aquella tierra. Para ello, hizo lo que ya se estaba haciendo en La Española: organizó los primeros «repartimientos de indios» e impuso a los taínos un sistema de explotación basado en las encomiendas y el trabajo forzoso en las minas y en la construcción de fortificaciones. Al frente de los taínos de cada encomienda puso a un cacique, supeditado por supuesto al español de turno, para que así el resto aceptara mejor su nueva situación. Al mismo tiempo, se apropió de las tierras de labor de los indígenas, los conucos, y los subastó entre los conquistadores.

Fue entonces cuando el cacique Agüeybaná comprendió su error: la ausencia de resistencia no garantizaba un mejor trato por parte de los recién llegados.

En ese momento comenzaron los problemas para los españoles. En 1510, Agüeybaná convocó a los principales caciques de Boriquén para decidir cómo afrontar la decisión. A partir de este punto, los hechos se mezclan con la leyenda y resulta difícil tirar del hilo.

Según esa leyenda, algunos caciques rechazaron alzarse contra los españoles porque los consideraban inmortales, poco menos que dioses.

Agüeybaná y otro cacique, Urayoán, del yucayeque o poblado de Yagueca, decidieron demostrarles que estaban equivocados.

Unos días después, Urayoán invitó al español Diego Salcedo a su yucayeque. A la mañana siguiente, cuando el español se disponía a partir, el cacique le ofreció la compañía para el viaje de varios de sus hombres, para que lo ayudaran a cruzar un río cercano, el Guaorabo de Añasco. Llegados a él, los taínos cargaron a hombros con el español para que no se mojara, pero cuando estaban en medio del río lo tiraron al agua y lo sumergieron. Tras mantenerlo un rato bajo el agua, lo arrastraron a la orilla, lo sentaron como pudieron y, por si acaso, no muy seguros de que estuviera muerto —no todos los días se mata a un dios— le pidieron perdón. Salcedo, que sepamos, nada respondió.

Por si acaso, decidieron esperar tres días, pues ya habían oído hablar de un blanco que había resucitado tres días después. Pasado ese tiempo, Agüeybaná y Urayoán certificaron que Salcedo estaba muerto y bien muerto, pues empezaba a oler mal, y que por tanto los españoles no eran dioses.

Hasta aquí, la leyenda. Pero ¿qué hay de verdad en ella?

El origen de la historia está bien localizado: así lo cuenta Gonzalo Fernández de Oviedo, nombrado en 1532 primer cronista de Indias por Carlos V y autor de la *Historia general y natural de las Indias*.

Claro que Fernández de Oviedo era de todo menos imparcial. De hecho, el objetivo declarado de su crónica es destacar los méritos de lo conquistadores, que describe como valerosos, nobles, animosos, buenos y recios. A los naturales de las indias, por el contrario, en un alarde de objetividad, los considera viciosos y vagos, cobardes, embusteros, holgazanes, sodomitas, libidinosos e idólatras, entre otras perlas. Una descripción que, por supuesto, solo busca justificar ante su rey, que al cabo es el que le da de comer, la necesidad y la justicia de la conquista.

En este contexto mental se entiende mejor que Fernández de Oviedo cuente la historia de Diego Salcedo haciendo hincapié en la supuesta creencia taína en la inmortalidad de los españoles, pues tal creencia coloca al indígena en una posición de inferioridad mental y cultural y, por tanto, lo convierte en alguien necesitado de guía y tutela.

Así que, muy probablemente, ni hubo tal creencia, pues otros españoles antes que Salcedo ya habrían muerto por muy diversos motivos (en la propia isla o en La Española, en la que los conquistadores ya llevaban casi dos décadas asentados y con la que sin duda había contactos), ni Urayoán mandó ahogar a Salcedo para comprobar que de verdad moría. ¿Qué sucedió entonces?

Una posibilidad es que Diego Salcedo hubiera despertado las iras de los taínos por vete a saber qué barbaridades, o que lo que quiera que hiciera no fuera sino la gota que colmó el vaso de la paciencia taína, de forma que su muerte sirvió de disparador de la rebelión.

Otra posibilidad es que la suerte de Salcedo no tuviera mayor influencia en el estallido taíno, y que este se relacionara más con otra muerte: en este mismo año de 1510 falleció el cacique Agüeybaná, que había evitado los enfrentamientos, y fue sustituido por Agüeybaná el Bravo, del que no está claro si era hermano o sobrino del anterior.

Lo que sí está claro es que, el 3 de enero de 1511, el Bravo declaró la «guazábara», la guerra, y se puso al frente de la rebelión, que se extendió como el fuego por toda la isla. Además, el Bravo y los taínos no estaban solos: con ellos, también se levantaron en armas sus tradicionales enemigos los caribes, que llevaban ya algún tiempo presentes en Boriquén.

Los primeros enfrentamientos cogieron por sorpresa a los conquistadores. En pocos días, y en diferentes ataques a poblaciones españolas, dieron muerte a unos ochenta extranjeros, entre ellos uno de los principales encomenderos, Cristóbal de Sotomayor (hijo de uno de los nobles más temidos por los campesinos gallegos del siglo anterior: Pedro Álvarez de Soutomaior, el famoso Pedro Madruga, que había sido el feroz represor de las revueltas irmandiñas entre 1467 y 1469, además de tenaz enemigo de los Reyes Católicos). Cristóbal de Sotomayor era el encomendero a cuyo cargo estaba Agüeybaná el Bravo y, por tanto, comprensiblemente, el primer objetivo de este.

A partir de aquí los datos se confunden. La mayor parte nos llega a través de las crónicas de los vencedores, y por tanto hay que entrecomillarlos. Así, en la *Probanza de Juan González* de 1532 se dice que los taínos mataron a cerca de cuatrocientos españoles, un dato que puede responder a la verdad o al deseo de magnificar la afrenta para justificar la represión posterior. Otros, como el cronista Fernández de Oviedo, del que ya te hablé, tachan a los rebeldes de crueles e inhumanos, gente «bárbara y salvaje». Aprovechando la alianza temporal entre taínos y caribes, acusaron a los alzados de ser «salvajes caníbales» y decidieron que todos eran caribes, para así justificar mejor la violencia contra ellos.

Por cierto que en La Española se enteraron de lo que sucedía en Boriquén. Los taínos de Higüey, al este de la isla, que conocían muy bien a Ponce de León porque lo habían sufrido como gobernador, celebraron areítos festivos.

Fuera como fuese, tras las victorias iniciales, los españoles se reorganizaron y cambió la suerte de los rebeldes. A lo largo de 1511 se produjeron tres grandes batallas: en Coayuco, al sur de la isla; en Aymaco, al noreste, y en Yagüeca, en el centro oeste, en las proximidades del mismo río Guarobao que viera la muerte de Diego Salcedo. Las tres se saldaron con derrotas taínas.

La última batalla, la de Yagüeca, congregó según Fernández de Oviedo a la mayor parte de los alzados, un ejército de al menos once mil taínos... que se enfrentaron a solo ochenta españoles. Y fueron derrotados. Claro que el cronista, ya lo hemos dicho, dista mucho de ser objetivo. Su intención era demostrar el coraje a toda prueba de los españoles y la justicia de su conquista. De hecho, Fernández de Oviedo incluso dedica unas líneas a la bravura de un perro, Becerrillo —nombre que ya permite adivinar su tamaño—, que al parecer causaba estragos entre los taínos.

El análisis de los documentos de la época permite hacerse una mejor idea de lo sucedido. Al parecer, la batalla no fue tal, sino una serie de escaramuzas entre los dos ejércitos, que se saldó sorpresivamente con la retirada de los taínos, sin entablar combate, cuando el disparo de un arcabucero español mató a un indígena, un «hombre muy principal». La idea más extendida es que este indígena no era sino Agüeybaná el Bravo. Su muerte habría provocado el desconcierto y la desorganización de los suyos. Según las crónicas españolas, aquí se acabó la rebelión de Boriquén.

Pero, una vez más, parece que la realidad fue muy diferente, a juzgar por los testimonios indirectos de los propios españoles.

A finales de 1511, el gobernador Juan Ponce de León le confesó al rey Fernando en una carta que solo dos de los caciques alzados se habían rendido tras Yagüeca, y que el resto seguían en pie de guerra.

Siguieron haciéndolo durante muchos años, aunque ya no en forma de batallas abiertas, sino mediante guerra de guerrillas. A los ataques indígenas respondían los españoles con «entradas», ataques por sorpresa a los yucayeques taínos, para saquearlos, incendiarlos y capturar a sus habitantes como esclavos. Los testimonios de los propios españoles hablan también de que mandaban asaetear, descuartizar, ahorcar y apalear a los rebeldes capturados.

Hacia 1513, aprovechando la ausencia de Ponce de León, que había partido a buscar la fuente de la eterna juventud (no la halló, o si lo hizo se guardó el secreto para sí, pero a cambio se topó con Florida), los taínos y los caribes lanzaron un ataque conjunto contra Caparra, hasta ese momento capital de los españoles, que acabó con la quema de muchas casas y supuso su posterior traslado a la isleta donde hoy se emplaza San Juan de Puerto Rico.

Hasta 1518 o 1519 no consiguieron los españoles dominar el grueso de la rebelión indígena, y eso a costa de grandes esfuerzos que les obligaron a conquistar casi centímetro a centímetro la isla. Así, hacia 1515 se ordenó quemar todos los conucos de las sierras, para evitar que los rebeldes pudieran mantenerse.

Pero siguió habiendo alzados mucho tiempo, como demuestra un documento español de 1526 en el que algunos vecinos recomiendan fomentar el poblamiento de la isla para mejor defenderse «de los negros e yndios alzados».

Solo el exterminio de la población indígena —por las armas, los abusos, la esclavitud y las enfermedades importadas, como la viruela que en 1519 acabó con miles de vidas indígenas— puso fin a la rebelión y consiguió pacificar la isla.

Las estimaciones sobre la población de Boriquén antes de la llegada de los españoles ofrecen una gran variedad, oscilan entre los más de seiscientos mil habitantes calculados por Las Casas y los dieciséis mil considerados por el historiador Salvador Brau, una horquilla tan amplia que no permite hacerse una idea cabal de la verdadera situación.

Pero sí sabemos algo más allá de toda duda.

En 1530, veintidós años después de la llegada de Ponce de León a la isla, el censo ordenado por el gobernador Francisco Manuel de Lando pone cifras al desastre: solo quedan 1.148 taínos en Puerto Rico.

La rebelión de Boriquén acabó solo cuando ya no quedaron taínos, al igual que sucedería unos años después en La Española con la rebelión de Guarocuya.

Resistieron, pues, hasta desaparecer.

7

La otra gran rebelión taína de los primeros años tras la conquista tuvo lugar en Cuba, aunque, curiosamente, fue protagonizada por un cacique huido de la vecina isla de La Española: Hatuey. Su insurrección estalló en 1511, paralela a la de Agüeybaná, pero tuvo un alcance mucho menor que las protagonizadas por este o por Guarocuya: Hatuey solo resistió tres meses. Sin embargo, fue intensa en su desarrollo, pues llegó a extenderse por buena parte de la isla.

Hatuey era un cacique menor de la provincia de Jaragua que protagonizó un levantamiento contra los españoles en La Española cuando estos comenzaron a implantar el sistema de las encomiendas y el trabajo forzoso en las minas. Incapaz de resistir la acometida militar ordenada por Nicolás de Ovando, tuvo que retirarse con muchos de los suyos, se cree que unos cuatrocientos entre hombres, mujeres y niños, primero a las zonas boscosas de Guahabá, en Jaragua, y finalmente a la vecina isla de Cuba.

Cuando Hatuey llegó a Cuba, a finales de la primera década de 1500, los españoles todavía no habían ocupado la isla, y sus naturales, aunque había oído hablar de estos (y los habían visto, pues desembarcaron por primera vez en ella el 28 de octubre de 1492), no daban mucho crédito a lo que de aquellos extranjeros se contaba.

Pero Hatuey tenía muy claro que los españoles no tardarían en invadir también Cuba, y de ahí que desde el primer momento se esforzara por convencer a los cubanos de la necesidad de forjar una alianza contra el enemigo común... y también de que era imprescindible que se despojaran de cualquier muestra de oro que llevaran o tuvieran en sus yucayeques, pues tal metal volvía locos de codicia a los españoles.

Bartolomé de las Casas transcribió un supuesto discurso que Hatuey dirigió a las gentes de Caobana, mostrándoles mientras lo pronunciaba una cesta repleta de objetos de oro...

(...) tienen un dios a quien ellos adoran e quieren mucho y por haberlo de nosotros para lo adorar, nos trabajan de sojuzgar e nos matan. (...) Este es el dios que adoran los españoles. Por estos pelean y matan; por estos es que nos persiguen y es por ello que tenemos que tirarlos al río... Nos dicen, estos tiranos, que adoran a un dios de paz e igualdad, pero usurpan nuestras tierras y nos hacen sus esclavos. Ellos nos hablan de un alma inmortal y de sus recompensas y castigos eternos, pero roban nuestras pertenencias, seducen a nuestras mujeres, violan a nuestras hijas. Incapaces de igualarnos en valor, estos cobardes se cubren con hierro que nuestras armas no pueden romper (...)

Imagina por un momento que eres tú uno de esos taínos que vivían en el oriente de Cuba justo antes del cataclismo.

Imagina que un buen día llega Hatuey, al que de nada conoces, y te dice lo que acabas de oír. Y te lo dice mientras sigues viviendo tan tranquilo en tu yucayeque, dedicándote a cultivar tu conuco o a lo que quiera que te dediques, y sin que nada corrobore tan aciagas predicciones.

Lo más probable es que sonrieras y menearas la cabeza con una mezcla de asombro e incredulidad, a ver quién va a ser tan bestia de ponerse a matar y esclavizar a la gente solo por poseer una piedra amarilla, por muy bonita que sea.

Y seguirías a lo tuyo.

Que fue, exactamente, lo que sucedió.

En fin, no todos. Algunos hicieron caso a Hatuey y se deshicieron de su oro, y otros, como quizá harías tú, siguieron con sus vidas tan tranquilos. Puede que con una sombra de intranquilidad en algún lugar de su cabeza, pero poco más. ¿Quién va a hacer caso de algo así hasta que no lo ve?

Hasta que, el 6 de abril de 1511, Fernando el Católico autorizó a Diego Velázquez de Cuéllar la conquista de Cuba. Solo unos meses después, Velázquez desembarcó con trescientos hombres en la zona de Baracoa, en el oriente de la isla, y comenzó la conquista.

Entonces sí, entonces muchos cubanos comprendieron que Hatuey tenía razón. Varios centenares se le unieron y se echaron al monte, pues Hatuey era muy consciente de que nada conseguiría enfrentándose directamente contra los españoles: los hombres de Velázquez estaban armados con armas de fuego, caballos, espadas y mallas de acero, mientras los suyos solo disponían de macanas, una especie de garrotes de madera, y hachas de piedra.

Dos mundos muy diferentes cara a cara. Solo la previa experiencia de Hatuey en La Española le daba una pista sobre cómo proceder: mediante ataques por sorpresa, de guerrilla, rápidas acometidas seguidas de una más rápida huida.

Desde el primer momento, Diego Velázquez comprendió que el principal obstáculo para la pacificación de la isla era Hatuey y se concentró en su captura.

Durante unos tres meses, las tácticas de Hatuey funcionaron bien, y así podría haber seguido la situación mucho tiempo... si no fuera por un traidor que, por causa de viejas rencillas, desveló la localización del escondite de los rebeldes.

A principios de 1512, Hatuey y sus hombres fueron capturados.

Diego Velázquez no pensaba permitir que nadie más se rebelara y decidió dar un escarmiento: condenó a Hatuey a morir en la hoguera.

Para los europeos, habituados a los modos del Tribunal del Santo Oficio de la Inquisición, aquello no era sino un espectáculo casi habitual.

Para los taínos fue una experiencia brutal.

El 2 de febrero de 1511, Hatuey fue llevado a la hoguera. Cuenta Bartolomé de las Casas que, cuando ya estaba atado al poste de madera, con la leña a sus pies, un cura se le acercó para tratar de convercerlo de que se arrepintiera de sus pecados y aceptara en su corazón al dios cristiano, pues de ese modo en breves instantes —tras la chamusquina, es de suponer— iría al cielo.

Hatuey, sigue diciendo Las Casas, observó un instante al cura y después le preguntó: «¿Los cristianos van al cielo?». Cuando el otro le respondió que sí, Hatuey meneó la cabeza: «En ese caso prefiero ir al infierno, para no ver nunca más a gente tan cruel».

Lo que quizá sea verdad y quizá no, pero, sin duda, es una respuesta muy oportuna.

La de Hatuey no fue la única insurrección indígena en Cuba. Unos años después se alzaron los indios cayos, un pueblo de cazadores y recolectores de moluscos que se encontraban entre los más antiguos habitantes de las islas antillanas, uno de esos pueblos que había sido desplazado por los taínos.

En los primeros años de la conquista española, estos indios se concentraban en algunos cayos, pequeñas islas arenosas del sudeste de Cuba, desde las que atacaban a los españoles. En 1520, los indios cayos, dirigidos por un cacique conocido como «Piloto», se enfrentaron y derrotaron a una armada al mando del capitán Juan López de Aguirre y causaron una gran cantidad de bajas entre los españoles. Una segunda armada enviada para tomar represalias y dirigida por Vasco Porcallo de Figueroa consiguió capturar al cacique y a muchos de los suyos, pero la victoria no consiguió erradicar la rebelión. Los ataque de los cayos contra los asentamientos españoles continuaron durante toda la década de 1520. En 1529, una de esas incursiones alcanzó las villas de Puerto Príncipe y Trinidad.

Otra insurrección fue la protagonizada en la provincia de Guacamayabo, también en el sudeste de Cuba, por el cacique Guama, que se prolongó una década, entre 1522 y 1532, y que llegó a controlar las zonas montañosas del oeste de la isla, especialmente alrededor de Baracoa. Nunca tuvo el alcance de las rebeliones de Guarocuya o Hatuey, pues Guama no consiguió agrupar a más de cincuenta o sesenta guerreros y su éxito se debió más a la despoblación del territorio en que operó que a su fuerza militar, pero sí consiguió poner en entredicho la autoridad española. Cuando finalmente estos decidieron acabar con Guama, tardaron varios años en acorralarlo, y solo lo lograron gracias a que desde 1530 una epidemia de viruela diezmaba a los rebeldes. No obstante, al parecer, Guama no murió a manos de los españoles, sino asesinado por su propio hermano por haberse acostado con su mujer. ¡Triste fin para un rebelde!

No fue la última insurrección indígena en Cuba: las noticias de nuevos alzamientos son continuas durante las décadas de 1530 y 1540, aunque ya de menor intensidad. La razón, una vez mas, es conocida: la progresiva extinción de los taínos.

Pero ni siquiera así terminaron los alzamientos contra los españoles en las islas de las Antillas. Tras su desaparición, la rebeldía taína fue sustituida por los levantamientos de esclavos negros africanos. Muchos escapaban, se refugiaban en lugares inaccesibles y se convertían en cimarrones, otros se levantaban en armas y se enfrentaban a sus explotadores. Tal fue el caso, por ejemplo, de Sebastián Lemba, procedente de la zona del actual Camerún, que durante quince años, entre 1532 y 1548, justo tras la desaparición de Guarocuya, mantuvo en jaque a los encomenderos de La Española.

Pero de Lemba, Makandal y otros célebres rebeldes africanos te hablaré más adelante: serán los protagonistas de una de las entregas de esta colección.

Notas bibliográficas

La bibliografía sobre la conquista de América es muy amplia, ya sea la contemporánea a los hechos como la actual, tanto que se hace tarea imposible consignarla aquí. Sin embargo, hay un puñado de títulos que son especialmente interesantes, tanto para acercarse a los taínos como para profundizar en las cuestiones planteadas en estas páginas.

Si lo que quieres es acercarte a la versión literaria de Guarocuya, hasta donde se me alcanza hay dos novelas que tratan el personaje.

Una, ya citada, es *Enriquillo*, de Manuel de Jesús Galván, publicada por primera vez en la República Dominicana en 1879.

La segunda es del autor castellano-manchego Santiago Arauz de Robles y se titula *De cómo Enriquillo obtuvo victoria de su majestad Carlos V*. Fue publicada por Ediciones Akal en 1984 en Madrid. Ambas son, al menos para mi paladar, demasiado retóricas, con ese gusto barroco que hoy empalaga, pero te servirán para hacerte una idea de las costumbres y el mundo de los taínos.

Si lo que quieres es saber más sobre los taínos y la conquista, no puedo dejar de recomendarte tres libros que ofrecen información amplia, detallada y extraordinariamente interesante.

El primero trata sobre las culturas aborígenes del Caribe antes de la llegada de los españoles y presenta una completa panorámica del universo cultural y material en el que se desarrollaban. Hablo de *Taínos y caribes. Las culturas aborígenes antillanas*, de Sebastián Robiou Lamarche, publicado por la editorial Punto y Coma en San Juan de Puerto Rico en 2003.

El segundo y el tercero son fundamentales para conocer de cerca las características, a menudo ocultadas, de la conquista. Están ambos escritos por el doctor en Historia de América Esteban Mira Caballos y se titulan *El indio antillado: repartimiento, encomienda y esclavitud (1492-1542)* y *Conquista y destrucción de las Indias (1492-1573)*, los dos publicados por Muñoz Moya Editores en Tomares, Sevilla, en 2009 y 1997, respectivamente. Muchos de los datos y las citas que has leído en páginas anteriores proceden de estos magníficos estudios.

Para saber más sobre la rebelión de Agüeybaná el Bravo hay dos trabajos, que puedes encontrar en internet, que ofrecen una interesante visión general: las conclusiones del simposio *5º centenario de la Rebelión Taína 1511-2011*, publicadas con ese título por el Instituto de Cultura Puertorriqueña y la Fundación Cultural Educativa, y el artículo *La conquista española y la gran rebelión de los taínos*, de Francisco Moscoso, publicado en la revista Pensamiento Crítico, año XII, número 62, de febrero/abril de 1989, en las páginas 2 a 16.

Sobre mí

Apasionado por la historia, la literatura y los viajes, estudié Historia en la Universidad de Santiago de Compostela y me especialicé en Historia Moderna.

He sido profesor, librero, redactor, editor y guionista de documentales, entre otras muchas ocupaciones. Pero, sobre todo, me he pasado la vida escribiendo y contemplando el mundo a través de los libros. Y viajando, siempre que puedo, para descubrir este fascinante mundo que nos rodea.

Soy también el responsable del Bloc de Fran, un blog especializado en novela histórica y de aventuras y libros de viaje en el que podrás encontrar nuevas e interesantes lecturas y estar al tanto de lo que se cuece en este apasionante mundo de los libros.

Entre mis obras se encuentran novelas históricas como *La cruz de ceniza*, *Medievalario* o *En tiempo de halcones*, libros de viaje como *Viaje al interior. 80 días en furgo por la España olvidada*, obras de divulgación como *99 libros para ser más culto*, los libros de la serie *Historias para disfrutar con la historia* y novelas actuales como *Lo extraordinario*.

Si quieres saber más sobre mí, pásate por mi página franzabaleta.com. Ahí podrás enterarte, entre otras cosas, de cuándo publicaré la siguiente entrega de esta colección.

Que, por cierto, se titulará *Vilcabamba, el último refugio de los incas.*

Como está claro que te gusta la historia (en caso contrario, no habrías llegado hasta aquí), antes de que te vayas déjame ofrecerte la primera de mis *Historias para disfrutar con la historia*, una colección de relatos novelados sobre episodios clave de nuestro pasado: descubrimientos, batallas, inventos, ideas, hazañas individuales y gestas colectivas que consiguieron cambiar el devenir de la humanidad.

EXTRA

Historias para disfrutar con la historia

El descubrimiento que nos convirtió en seres humanos

La hembra percibe el frío intenso del viento que la azota al alcanzar la cima de la colina, pero hace caso omiso de él. Es robusta, de caderas anchas, con una fuerte mandíbula sin mentón y unos arcos superciliares muy marcados. Sobre ellos, la frente huye hacia un cráneo ancho y bajo. Mide un metro sesenta y cinco centímetros; es una estatura considerable, aunque menor que la de los machos de su especie, que alcanzan con facilidad el metro ochenta centímetros.

Se yergue cuanto puede sobre la punta de los pies y otea el horizonte. Permanece así un buen rato, casi inmóvil, trazando con la cabeza un lento giro para observar en todas direcciones. Hasta donde alcanza su vista se extiende un amplio paisaje desolado. Una llanura de suelos pantanosos y turberas, recorrida por vientos gélidos y solo poblada por una hierba áspera y pardusca, unos pocos matorrales, musgos y líquenes. Sin darse cuenta, contiene la respiración mientras escruta la tundra.

Humo. Busca la menor señal de humo.

Deja de otear y aprieta con fuerza las mandíbulas. Localiza al resto de los miembros de su grupo al pie de la colina. Vistos desde las alturas, encogidos sobre sí mismos para preservar el calor corporal mientras aguardan su regreso, parecen inquietos y desamparados.

Lo están. Ella lo sabe. Lo ve en sus ojos cuando la miran. Lo advierte en sus gestos bruscos, en el silencio desacostumbrado de las crías, que perciben la tensión de los adultos. Lo nota en los sonidos breves, ásperos, que se cruzan. Llevan así varias jornadas. La hembra es ya anciana, pues ha vivido más de treinta veranos. Por eso sabe que las cosas se pondrán peor.

No ha visto humo.

No hay fuego. No sobrevirán sin él. Necesitan encontrar fuego cuanto antes.

Emite un gruñido de decepción que nadie escucha y comienza a descender la ladera, de regreso con sus compañeros.

~

Eran tiempos duros. Todavía faltaban muchos miles de años para el presente. Las investigaciones más recientes hablan de un millón de años, una cantidad de tiempo tan inmensa para la escala humana que nos resulta difícilmente imaginable.

Quizá por eso hacemos algo peculiar: troceamos el tiempo, como si de esa forma, al dividirlo y organizarlo, pudiéramos comprenderlo mejor. Así, hemos dividido la historia geológica de nuestro planeta en cuatro grandes eras que abarcan, en conjunto, la escalofriante cifra de 4.500 millones de años: la era precámbrica, la paleozoica, la mesozoica y la cenozoica; esta última, a su vez, la dividimos en dos, era terciaria y era cuaternaria.

La era cuaternaria, en la que nos hallamos, comenzó hace unos dos millones de años. Un suspiro a escala geológica, una eternidad si lo comparamos con la duración de la vida humana. La superficie de la Tierra ya había adquirido más o menos el aspecto actual: los continentes se habían separado, los dinosaurios hacía una eternidad que se habían extinguido y la mayoría de los animales y plantas que poblaban el planeta serían reconocibles para los hombres y las mujeres actuales.

Sin embargo, el mundo era muy, muy diferente.

Eran, como decía, tiempos duros. En ese momento, quedamos en que hace un millón de años, la Tierra estaba sufriendo los efectos de una terrible glaciación que conocemos con el nombre de Günz, la primera de las cuatro que experimentará el planeta durante la era cuaternaria.

Un glaciar es una inmensa masa de hielo. Se forma cuando la nieve no se funde durante el verano debido a las bajas temperaturas, por lo que va acumulándose de un año para otro. Poco a poco la presión aumenta y la nieve pierde el aire que contiene, hasta que acaba formándose un hielo azul tan transparente como el cristal.

Durante los períodos glaciares, estas grandes masas de hielo azul cubrían buena parte del hemisferio septentrional y amplias zonas del meridional. Se extendían por la península escandinava y el norte de Europa, sofocaban casi completamente Canadá y se prolongaban por Estados Unidos hasta Seattle y los Grandes Lagos. En los Alpes, los Pirineos, el Atlas, el Kilimanjaro, las Montañas Rocosas, los Andes, las montañas y altiplanos del Asia Central y las montañas de Australia o Nueva Zelanda se formaban también grandes glaciares.

Pero los efectos del hielo se prolongaban más allá de las zonas ocupadas por los glaciares.

Por una parte, el nivel de los mares descendía debido a que buena parte del agua del planeta se congelaba, con lo que zonas hoy sumergidas afloraban a la superficie, como el canal de la Mancha o el estrecho de Gibraltar.

Por otra parte, en las tierras donde el hielo no alcanzaba lo que predominaba era el frío, la tundra, pantanos y vientos helados que soplaban a través de las estepas. En estas zonas el suelo permanecía congelado la mayor parte del año, e incluso durante el breve intermedio del verano la tierra se mantenía helada a partir de una cierta profundidad: es lo que llamamos *permafrost*. Incluso en la hoy cálida África, donde por cierto se encontraba nuestra protagonista (en alguna parte del interior de la actual Sudáfrica), los glaciares extendían sus lenguas de hielo por las zonas montañosas. Alrededor del ecuador, donde no llegaban los glaciares, caía sin cesar una lluvia fría e interminable que ahogaba el mundo.

Sí, eran tiempos duros, pero nuestra hembra no lo sabía. No sabía nada, en realidad. No sabía que miles de años en el futuro otros homínidos la llamarán *Homo erectus*; de hecho, no sabía que existía el futuro, pues para entender el concepto de futuro es necesario comprender la noción de evolución, de cambio, y su percepción se limitaba al corto plazo; no sabía siquiera que hacía frío, porque no conocía otra cosa que el frío. Para ella, eso era lo habitual. Así era el mundo que conocía: hambre, frío, miedo.

Sobre todo en ese momento en que habían perdido el fuego. Que ella lo había perdido.

~

Un círculo de miradas expectantes la rodea cuando se reúne con el resto del grupo. Por un instante le atraviesa la idea de decirles que ha visto humo, que sabe dónde pueden encontrar fuego. De esa forma se animarán y, ¿quién sabe?, quizá consigan sobrevivir. Pero no se le da bien fingir y ni siquiera tiene la oportunidad de intentarlo: nada más fijarse en su rostro, los demás comprenden que no ha visto humo.

No habla. No responde a los gruñidos violentos de uno de los machos jóvenes, ni a los gimoteos de una de las madres que teme que su cría fallezca pronto. No hay nada que pueda hacer, así que se limita a ponerse en camino. Necesitan encontrar cuanto antes un refugio si no quieren ser presa de algún depredador. El territorio que atraviesan es peligroso. En él abundan animales herbívoros. Y la hembra sabe muy bien que donde hay herbívoros también hay depredadores.

Poco a poco los demás comienzan a seguirla. Son solo un puñado: cinco machos y tres hembras en edad de reproducirse, tres crías sin destetar y ella, la anciana del grupo, la más experimentada. Por eso la siguen. Por eso es la encargada de guardar el fuego.

Pero lo ha perdido.

Sucedió una noche. Las brasas brillaban en la oscuridad, como siempre, pequeños puntos de luz en medio de la más completa negrura. Se hallaban en el vientre de la cueva. A su alrededor todos dormían, acurrucados unos contra otros para mantener el calor corporal. Escuchaba el rumor de las respiraciones acompasadas y hasta su olfato llegaban los olores familiares de las pieles y los cuerpos de los demás. Era un lugar confortable. Seguro.

Terminó de rodear la lumbre con piedras, para protegerla, y tanteó en la oscuridad hasta que sus dedos aferraron un tronco grande con el que alimentar el fuego. Las llamas eran voraces como un recién nacido: siempre pedían más y más. Necesitaban alimentarse constantemente para crecer. La vida se alimentaba de vida.

Cansada, pensando ya en tumbarse para dormir, depositó el tronco sobre las brasas. Entonces oyó aquel siseo que le heló el corazón. Dejó escapar un alarido involuntario y se inclinó, desesperada, sobre la hoguera. Un humo moribundo ascendía de lo que un instante antes eran ascuas vivas. Sopló frenéticamente para intentar reavivarlo, una y otra vez, una y otra vez, pero su nariz no se equivocaba.

El fuego se había marchado.

Una mancha de humedad oscurecía la ceniza. Examinó el tronco que había depositado sobre las brasas y vio que estaba hueco. En su interior todavía se olía la humedad. Agua. Contenía agua. El agua hacía huir al fuego.

Sin el fuego están muertos. O lo estarán pronto. No saben cómo obtenerlo, solo han aprendido a conservarlo cuando se lo encuentran en la naturaleza. Por eso han abandonado la seguridad de su refugio y se han puesto en marcha.

Necesitan encontrar fuego cuanto antes.

~

Hoy disponemos de tantas fuentes de energía para cubrir nuestras necesidades que nos cuesta comprender la importancia que tuvo el fuego en la Prehistoria. Pero la tuvo, hasta el punto de que, muy probablemente, fue el fuego el que marcó la diferencia. El que trazó la línea entre el animal y el humano.

Para entenderlo hay que retroceder con la imaginación a un tiempo en que el mundo era un inmenso territorio hostil plagado de enemigos. Un mundo en el que la supervivencia era una tarea complicada y que exigía dedicar todas las energías a conseguir alimento... y a no convertirse en alimento. En ese mundo, el fuego era un poderoso aliado de nuestros antepasados.

Les proporcionaba calor durante las gélidas noches de un mundo sometido por la glaciación, lo que reducía la mortandad por frío.

Les defendía de los depredadores, que no se acercaban a una hoguera porque temían las llamas; y, a la vez, les ayudaba a cazar, provocando estampidas o incendiando praderas para dirigir a sus presas hacia acantilados o despeñaderos.

Les aportaba libertad de movimientos y les permitía explorar territorios más fríos para cazar y recolectar frutos, pues podían transportar el fuego con ellos.

Les servía para cocinar los alimentos, que se volvían más tiernos y sabrosos y, sobre todo, aunque esto no lo supieran, mataba los parásitos y bacterias, con lo que se hacía más segura la ingestión de carne. Los vegetales sin cocción son más indigestos y requieren de mucho tiempo y energía para ser asimilados, de ahí que los chimpancés, por ejemplo, se pasen horas mascando la comida antes de tragarla.

El consumo de alimentos cocinados reduce el tiempo dedicado a la ingesta y, como consecuencia, reduce también el gasto energético de la digestión e incrementa las calorías obtenidas.

Además, los alimentos cocinados, más blandos, pueden ser consumidos por los que han perdido sus dientes, un elevado porcentaje de la población adulta, lo que mejora sus expectativas de vida (y, como efecto secundario nada desdeñable, favorece la transmisión de los conocimientos de los ancianos a los jóvenes, fundamentales para sobrevivir en un mundo hostil). La cocción permite conservar y almacenar alimentos para tiempos de escasez, con lo que las posibilidades de sobrevivir se incrementan.

A largo plazo, la cocción de alimentos provocó la reducción de las mandíbulas y los dientes y la transformación del sistema digestivo: el fuego nos cambió incluso físicamente.

En una fase más avanzada, el fuego también permitió fabricar herramientas (por ejemplo, quemando y afilando la punta de palos de madera para convertirlos en lanzas de gran resistencia y poder de penetración) o mejorar la salud (hirviendo plantas para obtener infusiones o inhalando vapor para descongestionar las vías respiratorias).

Con todo, el impacto más profundo del fuego fueron las transformaciones que provocó su uso en el cerebro de los homínidos.

El fuego proporcionó una fuente de iluminación independiente de la luz solar, lo que permitió mantener la actividad más horas al día. También, al brindar seguridad y mantener alejados a los depredadores, hizo posible permanecer en la fase REM del sueño durante más tiempo cada noche. Durante esta fase, el sistema nervioso bloquea las neuronas motrices, lo que produce una atonía muscular que impide que el durmiente se mueva. El ser humano actual permanece en la fase REM un 25% de su sueño frente al 15%, como máximo, del resto de los primates.

Y esta diferencia es fundamental: durante la fase REM el cerebro consolida la memoria que permite recordar la forma de realizar tareas, algo clave para ejecutar procesos complejos como, por ejemplo, despellejar animales, elaborar ropa o fabricar herramientas.

No solo eso: según las investigaciones más recientes, el fuego y su contemplación favorecen la meditación y regulan la atención, lo que estimula la elaboración de planes y permite adelantar posibles soluciones a problemas futuros.

El uso del fuego no solo fue una ventaja competitiva fundamental en la lucha por la supervivencia: también permitió aprender más y mejor y provocó cambios trascendentales en la mente de los homínidos.

~

Un rugido lejano paraliza al grupo.

La anciana vuelve la cabeza hacia atrás y ventea el aire. Los machos intercambian gruñidos y mueven las manos con súbita inquietud. Una hembra aprieta con fuerza a su bebé contra su pecho, como si así pudiera protegerlo de la amenaza. Los cuerpos de los homínidos se agitan con temor e indecisión. Conocen demasiado bien el origen del sonido.

Les persigue un *megantereon*, un felino de tamaño similar al leopardo actual, aunque más corpulento y musculoso y con unos colmillos superiores de gran tamaño, ligeramente curvos, llamados dientes de sable.

El felino ha debido de cruzarse con su rastro y ha comenzado a seguirlo. Es una fiera poderosa y astuta. Ruge para atemorizarlos, para que emprendan la huida y conseguir así que los más débiles vayan quedando rezagados.

Se acaban de convertir en presas.

Cuando vuelve la vista hacia los suyos, la hembra se da cuenta de que todos la miran. Hay miedo en sus expresiones. Y furia. La culpan. Sin el fuego que ella ha perdido, en aquella llanura desolada, ¿cómo van a enfrentarse a una bestia semejante? Su única esperanza es alejarse lo más rápido que puedan y confiar en que el tigre pierda interés en ellos. Que encuentre otra presa.

Hace un gesto con la cabeza al macho dominante, un ejemplar alto y robusto que está en la plenitud de su fuerza.

Tras unos instantes, como si quisiera dejar claro que no sigue órdenes de nadie, este emite un gruñido seco y se pone en marcha con ritmo vivo. Los demás se apresuran a seguirle, se apiñan a su alrededor temerosos de quedar atrás. Ella es la última en ponerse en marcha. Tiene miedo, como todos. Ha visto a la fiera en acción más de una vez y conoce el terrible poder de sus garras, capaces de despedazar el cuerpo de un homínido de un zarpazo.

El grupo avanza en silencio a través de la tundra helada. Se dirigen hacia un bosquecillo que se divisa a lo lejos, en la ladera de una pequeña elevación. Es una buena elección. Allí, atraídos por la vegetación, es posible que haya herbívoros que distraigan la atención del depredador. O una cueva en la que refugiarse.

El día está comenzando a declinar. Al principio la hembra mantiene el paso del grupo, pero poco a poco va rezagándose. Es la más anciana y su cuerpo ya no posee la agilidad de otras épocas. Todavía puede mantener el paso si la huida no se prolonga demasiado, pero no se esfuerza. Los demás se van alejando, ansiosos por ampliar la distancia con su perseguidor. De vez en cuando miran hacia atrás, la ven más y más lejos. Se dan cuenta de por qué lo hace. Es la más anciana y su sabiduría es necesaria para el grupo, pero es débil y ya no puede reproducirse. Y ha perdido el fuego.

No se detienen.

Cuando cae la noche los ha perdido de vista. El viento se ha recrudecido y aúlla en sus oídos, le traspasa la piel y le produce escalofríos. Llueve con fuerza, gotas gélidas que le golpean como guijarros de hielo. Está al límite de sus fuerzas. Hace tiempo que no oye a la fiera. Quizá ya no les siga, quizá haya encontrado otra presa o perdido su rastro debido a la lluvia. De todas formas, se obliga a seguir adelante. La colina ya no debe de quedar lejos.

Es ya muy tarde cuando alcanza al resto del grupo. Han tenido suerte. Han encontrado una cueva de boca estrecha con una amplia y profunda galería. Es un refugio cómodo y resguardado, apto para un grupo mucho mayor que el suyo.

El interior está completamente oscuro, pero no le cuesta localizarlos. Sus voces rebotan en el espacio interior: los susurros tranquilizadores de las madres a sus hijos, los gruñidos secos de una orden o una advertencia. Permanecen apiñados contra una de las paredes del fondo de la galería, lo más lejos posible de la entrada.

Sin decir nada, la anciana entra en la cueva. El suelo está alfombrado de hojas secas que crujen cada vez que da un paso. Son muchas. Eso le gusta, podrá envolverse en ellas para darse algo de calor.

Se deja caer a medio camino entre la entrada y el fondo de la cueva. Todavía no está tranquila, sabe que la fiera es obstinada y que es muy posible que continúe tras su rastro. Pero no puede hacer más. Está hambrienta, congelada, exhausta. Su cuerpo necesita descansar.

~

Le despierta un crujido.

Todavía es de noche. Repentinamente alerta, inmóvil, aguza los oídos. El corazón late con violencia en su pecho, tanto que le impide concentrarse.

Ahí está otra vez. Un nuevo crujido, muy leve. Y algo más: el hedor acre del depredador. Les ha localizado. Está en la entrada, oliscando, estudiando el terreno, disponiéndose a atacar. Distingue la silueta de la fiera recortada contra la tenue claridad nocturna del exterior.

El miedo la paraliza. Todo su cuerpo le pide que huya, que se pierda en lo más profundo, en el vientre mismo de la montaña, que se salve a sí misma, sin preocuparse de nada más.

Se obliga a respirar con calma. Se incorpora muy lentamente. Los demás siguen durmiendo, ajenos al peligro. Necesita despertarlos, ponerlos sobre aviso para que escapen, y hacerlo sin atraer la atención de la fiera. Tantea con la mano a su alrededor hasta encontrar una piedra suficientemente grande. La sopesa con cuidado. Tiene que arrojarla con todas sus fuerzas si quiere hacerle daño. El ruido, de paso, despertará a los demás.

Lanza la piedra contra la silueta de la entrada, pero al instante se da cuenta de que ha salido desviada. Oye el crujido que produce el impacto contra la roca de la entrada. El ruido sobresalta al depredador, que retrocede unos pasos. En el fondo de la galería, machos y hembras se incorporan entre gruñidos y gritos, presos de una súbita agitación.

Pero la anciana no se da cuenta. Tiene la boca abierta. Su pequeño cerebro de homínido trabaja a toda velocidad, tratando de comprender lo que acaba de ver.

Fuego.

Acaba de ver fuego. Una diminuta ráfaga de chispas que saltaron de la pared de la gruta al suelo cuando la piedra la golpeó. ¡Fuego! ¿Está allí, en alguna parte? El fuego sería su salvación. Pero, ¿dónde se esconde? ¿Cómo llamarlo para que acuda de nuevo?

Repentinamente, tiene una inspiración. Tantea de nuevo a su alrededor hasta localizar más piedras y comienza a lanzarlas contra la pared de la caverna. ¡Allí está! Cada vez que una piedra golpea la roca brotan chispas de fuego. Está tan fascinada por su descubrimiento que no repara en el caos que la rodea: los gruñidos febriles de los adultos que buscan algún pasadizo para ponerse a salvo, los gritos de miedo de los niños, el rugido bajo y profundo de la fiera que, tras la sorpresa inicial, se dispone a atacar.

De repente, un olor inconfundible llena sus fosas nasales. Las chispas, al caer sobre la hojarasca, han prendido fuego. Una llama débil, muy pequeña, que se alimenta de una hoja. ¡Fuego! La embarga una sensación de profunda satisfacción, de asombro y bienestar. ¡Ha conseguido llamar al fuego! No solo encontrarlo y conservarlo, sino algo que nunca antes se había dado: lo ha atraído. Ahí está, creciendo y expandiéndose a toda velocidad por el suelo de hojas secas.

La fiera lo huele también, ve las llamas que crecen con fuerza. Con un rugido de frustración que resuena en la caverna, se da media vuelta y desaparece en la oscuridad del exterior.

La hembra sonríe, incapaz de apartar la mirada del fuego.

¿Sabías que...?

☞ Hay dos formas básicas de encender fuego: por fricción de una madera más dura sobre otra blanda y seca y por percusión de una piedra dura como el sílex o pedernal y una rica en hierro como la pirita. Lo que le sucede a la anciana del relato es evidentemente ficción, pero refleja algo que debió de suceder muchas veces: el descubrimiento casual de las chispas que se producían al chocar dos piedras entre sí.

☞ El *Homo erectus* vivió entre 1,9 millones de años y 70.000 años antes del presente. Se cree que procede del *Homo habilis*. Algunos autores consideran que entre el *habilis* y el *erectus* debe situarse al *Homo ergaster*, pero otros especialistas consideran que *ergaster* y *erectus* son una misma especie, debido a su gran parecido anatómico. Ambos tienen una constitución física bastante parecida a la nuestra y una altura semejante, aunque eran más robustos.

☞ Se cree que el *Homo erectus* fue el primer homínido con capacidad para el lenguaje articulado y el primero en establecer relaciones sociales complejas gracias a que su cerebro, mayor que el del *Homo habilis*, ya estaba capacitado para elaborar rudimentarias abstracciones (como la deducción que hace la hembra del relato al ver las chispas al chocar dos piedras). Además, es muy probable que el mayor tamaño de la esclerótica (la parte blanca del ojo) en contraste con las pupilas les permitiera intuir los estados de ánimo de sus congéneres mediante la observación de sus miradas.

☞ El fuego fue la primera fuente de energía que controló el hombre. Su dominio supuso el inicio del desarrollo técnico que nos ha convertido en la especie dominante del planeta.

☞ Los restos fósiles muestran que el fuego se empleó para cocinar alimentos desde hace unos dos millones de años, aunque su uso no se generalizó hasta hace 400.000 años. Durante ese largo período los homínidos aprendieron primero a alimentar y conservar y después a encender fuego. Hasta hace muy poco, se creía que las primeras evidencias del dominio del fuego se encontraban en restos de recipientes calcinados encontrados en Israel y datados hace entre 700.000 y 800.000 años, pero recientemente se han hallado fragmentos de huesos de animales quemados en la cueva de Wonderwerk, en el centronorte de Sudáfrica, con una antigüedad de un millón de años. Es lo mismo. Probablemente sucedió varias veces, muchas veces, a lo largo de la Prehistoria. Se aprendió. Se olvidó. Desapareció. Se recuperó. Pero, sucediera como sucediese, ese descubrimiento nos cambió para siempre. Y, con nosotros, al mundo entero.

~

¿Te ha gustado?

Si el relato anterior te ha gustado y quieres leer más, en mi web (franzabaleta.com) encontrarás toda la información sobre la serie. ¡Disfruta con la lectura y la historia!

Antes de que te vayas

Si te ha gustado este libro, te agradecería muchísimo que dejaras tus comentarios en Amazon o en la web de la librería donde hayas comprado el libro. Es solo un momento para ti, pero tiene gran importancia para mí: gracias a tus palabras muchos otros lectores podrán descubrir estas historias de la *América Indómita* y yo podré seguir escribiéndolas.

En un mundo en el que se publican miles de libros cada día, lo verdaderamente valioso es conseguir la atención y el interés del lector. Unas pocas palabras tuyas pueden marcar la diferencia y animar a otros lectores a leer el libro.

Y si quieres hacerme feliz, además, ¿por qué no compartes tu opinión en tus redes sociales? No te costará mucho y con ello estarás contribuyendo a que pueda seguir escribiendo nuevas novelas, libros de viaje y de historia.

¡Muchísimas gracias por leerme!